무의식적으로 따라 하는

뉘앙스 영어

Understanding the Nuances of English

무의식적으로 따라 하는

뉘앙스 영어 ❶

발행일 2016년 4월 30일

지은이 케이티 킴
펴낸이 손형국
펴낸곳 (주)북랩
편집인 선일영 편집 김향인, 서대종, 권유선, 김예지
디자인 이현수, 신혜림, 윤미리내, 임혜수 제작 박기성, 황동현, 구성우
마케팅 김회란, 박진관, 김아름
출판등록 2004. 12. 1(제2012-000051호)
주소 서울시 금천구 가산디지털 1로 168, 우림라이온스밸리 B동 B113, 114호
홈페이지 www.book.co.kr
전화번호 (02)2026-5777 팩스 (02)2026-5747

ISBN 979-11-5585-995-7 04700(종이책) 979-11-5585-996-4 05700(전자책)

이 도서의 국립중앙도서관 출판예정도서목록(CIP)은 서지정보유통지원시스템 홈페이지(http://seoji.nl.go.kr)와
국가자료공동목록시스템(http://www.nl.go.kr/kolisnet)에서 이용하실 수 있습니다.
(CIP제어번호 : CIP2016010284)

케이티 킴 지음

무의식적으로 따라 하는 뉘앙스 영어

Understanding the Nuances of English

1

영어 고수가 되기 위해 필요한 것은
현란한 문법 구사능력이 아니라
문장마다 다른 뉘앙스를 정복하는 것이다!

북랩book Lab

문법이 맞아도 상황에 대한
뉘앙스가 어색하면 콩글리시가 됩니다.
영어는 무의식적으로 입에서 나와야 합니다.

— Katie Kim —

Here's to the Beginning of
Randomness in English Grammar!

— Katie —

머리말

"영어는 문학인가요?"라고 학습자에게 질문하면 다들 저를 미쳤다고 합니다. 그래서 저는 학습자들에게 "피아노는 음악입니까?" 하고 묻습니다. 학습자들이 생각하는 영어는 정보교환의 수단이라는 것입니다. 그러면 정보교환의 핵심은 무엇이지요? "네! 키워드입니다." 정보교환을 우리는 어떻게 하지요? 대화로 즉 다른 사람 앞에서 하는 것이죠. 그리고 상대방을 내 편으로 만들고 원만한 관계를 위한 것이지요. 누군가 말을 잘한다는 것을 우리는 어떻게 알지요? 질문을 바꾸어서 누군가 피아노를 잘 치는 것을 어떻게 알지요? "네! 남들 앞에서 연주하지요."

말하는 것도 공연하는 것처럼 다른 사람들 앞에서 하는 것이지요. 회사에서 PRESENTATION이 중요한 것은 그것을 통해 듣는 사람을 설득하는 중요한 수단이기 때문입니다. 그러니 영어도 사람들 앞에서 하는 연습을 해야 합니다. 그런데 왜? 우리나라 영어 수업은 피아노 악보 보는 것만 하고 정작 중요한 피아노 연주 즉 발표, 쓰기는 안 할까요? 아이가 피아노를 배울 때는 여러 사람 앞에서 공연을 시킵니다. 영어도 배우는 과정에서 발표도 하고 쓰기도 해야 합니다. 영어강사가 학생들에게 에세이를 쓰게 하지도 않고 문법만 가르쳐도 정상이 된 교육! 이래서 되겠습니까? 초등학교 국어 시간에 우리말로 발표도 하고 받아쓰기 일기 쓰기 시 낭송 다 했잖아요!

피아노 선생님이 아이들한테 악보만 가르치고 연주나 공연은 안 한다면 그 학원 보내시겠어요? 학교에서 10년 동안 영어를 배웠는데 알파벳 발음, 파닉스 혀의 위치도 모른다면 무엇을 배운 걸까요? 토익 950점 받은 분 중엔 피아노 연주는 못 하고 악보 보는 연습만 하신 분들 아주 많습니다. 오픽 상급 맞으신 분 중에 컴퓨터 앞에서 혼자서 말로 발표했지만 정작 프레젠테이션을 많은 사람들 앞에서는 못하면서 본인이 영어를 잘한다고 착각하시는 분들 정말 많습니다. KONGLISH 때문에 너무 많은 일이 발생합니다. 요즘 수업 중에 학습자들끼리는 서로 KONGLISH로 소통이 잘 되고 저는 못 알아듣는 일도 많습니다.

미국 라디오, 영어 인터뷰의 단순한 문장을 이해하지 못하는 이유는 우리 학습자들이 콩글리시에 너무 익숙해져 있고 그것을 교정하지 않고 홍글리쉬(홍콩 영어), 싱글리쉬(싱가폴 영어), 징글리쉬 (일본 영어), 칭글리쉬 (중국 영어)처럼 미국인은 이해 못 하는 영어가 급격히 늘어나고 있으며 콩글리시가 우리나라 제2외국어로 자리 잡기에 이르렀습니다. KONGLISH 아닌 영어는 무엇일까요?

영어는 문학입니다. 한국에서 공부하는 오픽, 토익, 토플, 문법, 고등학교 수능 준비하는 것은 담근 김치를 먹는 것이 아니라 마늘, 고춧가루, 멸치액젓, 무, 배추, 소금을 각각 따로 먹고 "이렇게 먹으면 김치 맛이 난다."와 같은 개념입니다. 재료를 따로 먹으면 그 음식 맛이 나나요? 그 음식을 전혀 모르게 되고 이 상태가 몇십 년이 지났죠. 한국 영어 교육 50년 넘었지요? 이쯤 되면 학습자들이 그 음식을 아예 잊어버리게 되지요.

김치 만들기 수업시간에 들어온 학습자:

1. *저는 김치 만들기보다 마늘만 다지다 갈 거예요.*
2. *김치 만들 때 마늘을 통째 넣어야 해요. 학교 가정시간에 그렇게 배웠거든요.*
3. *무슨 말씀이세요. 왜 김치 만드는데 배추를 절이라고 하시죠?*

우리말을 잘한다는 것은 무엇일까요? 한국어를 한국어 토익, BUSINESS 한국어, 일반회화 한국어 나누어서 시험 잘 보면 우리말 잘하는 걸까요? "글/에세이, 발표력, 표현력, 설득력" 평가가 진정한 한국어 실력이겠죠. 토익을 950점 맞는다 해도 그 사람의 표현력, 설득력에 대해서는 전혀 평가할 수가 없습니다. 실제로 한국어를 잘한다고 하는 기준은 직장인이라면 프레젠테이션, 글쓰기(예를 들어 기획서, 초대장, 자기소개서 등)을 통해서 확인할 수 있습니다. 그런데 이러한 글쓰기에서 자기만의 색깔이 있어야 합니다.

이것은 hear와 listen의 차이처럼 귀가 있어서 듣는 것, 청력을 집중해서 듣는 것, 듣고 이해하는 것, 그리고 들은 것을 느껴서 표현하는 것은 마치 김치를 먹을 줄 아는 것, 김치 맛을 아는 것, 김치를 만들 수 있는 것처럼 다릅니다. 한국에서의 영어 교육은 여러 가지 시험 준비를 위해서 다양한 책들과 과목들로 인해 낭비되는 시간이 많은 것이 현실입니다. 미국에서 스페인어를 배울 때 우리처럼 이런저런 시험을 보거나 BUSINESS 스페인어 따로 스페인어 문법 따로 교육하거나 배우지 않습니다. 왜냐하면, 그럴 필요가 없기 때문입니다.

한국 영어 교육의 기준점은 너무나 다양합니다. 즉, 없는 것과도 차이가 없지요. 너무 많아서 혼동되는 다양한 영어 시험들이 낳은 문제가 심각합니다. 영어를 못하는 분들이 시험 보는 요령에 집중하여 실제 영어 실력보다 과대평가되는 경우가 너무 많습니다. OPIc 상급이라도 실제 피아노에서는 바이엘 하 정도밖에는 안 됩니다. 저는 영어 실력을 평가할 때 발표력과 에세이를 보고 영어의 문학적인 면을 평가해야 한다고 주장합니다.

주변에 외고에 들어가려는 학생들, 미국에서 5년을 공부하거나, 국제학교에서 영어를 사용하며 어렸을 때 다녀도, 외고를 들어가지 못하는 근본적인 이유는 영어를 문학으로 보지 않기에 생기는 것입니다. 요즘 우리나라에서는 대부분 어려서 피아노를 배웁니다. 그런데 대부분 체르니 30쯤에서 포기합니다. 바이올린에서도 스즈키 4권쯤에서 포기하는 사람이 기하급수적으로 늘어납니다. 영어는 더 심각합니다. 대부분 초급에 들어가자마자 포기하고 맙니다. 이것을 어떻게 이겨낼 것인가? 그것이 제가 이 책을 쓰게 된 이유입니다.

미국인이 동료 미국인들과 함께 한국식당에 와서 한국어로 음식 주문하면 미국 동료들은 칭찬을 아끼지 않습니다. "한국어를 정말 잘한다." 중국인들끼리 한국 식당에 와서도 한국인 종업원이랑 대화 두 문장만 넘게 해도 한국어를 정말 잘한다고 칭찬합니다. 그러나 우리는 진실을 알고 있습니다. 얼마나 형편없는지. 우리는 그 사람의 발음, 단어선택, 억양, 문법 구조로 실력을 파악해 버립니다. 한국의 부모님들, 직장 다니시는 분들이 생각하는 "영어를 잘하다."의 기준 또한 이렇게 형편없는 것입니다.

왜 이런 것을 알아야 해요?
왜 알아야 합니까?
왜 알고 있어?
왜 알고 있어야 하지?
왜 이런 것을 안다고 말할 수 있어요?

동사의 변화 왜 이렇게 되는지 우리말로 설명이 쉽지 않죠. 우리가 한국어 원어민인데도 말입니다. 한국어, 중국어, 영어, 불어, 이 모든 언어를 하는 각각의 원어민은 에세이 정도는 다 쓸 줄 알까요? 자기소개를 배드민턴 클럽, 오케스트라, 사적인 모임, 회사에서 한국어 PRESENTATION을 인상적으로 하실 수 있나요? 그룹 카카오톡 방에서 상투적 표현들 말고 자기 스토리를 멋지게 만들어서 보내시나요? 아니면 남의 인터넷 이야기 복사하여 링크를 보내나요? 이렇듯 우리말도 글을 쓰는 것은 쉽지 않습니다.

이제부터 우리말도 아니고 영어로 이런 것들을 다 잘할 수 있는 방법이 무엇인지 알아보시죠.

Table Of Contents

-

-

-

My buttered toast tasted like kimchi today.
I sucked it up and ate the whole thing.

— Kimchie —

Chapter 1.

Katie Shadowing & Keyword Storytelling

Katie Shadowing

우리는 영어를 10년씩 공부하고도 왜 외국인과 대화를 못 할까요? 지난 15년간 영어를 가르치면서 우리나라 사람이 영어를 참 열심히 공부한다는 데 깜짝 놀랐습니다. 그리고 그렇게 열심히 영어를 공부하는데 영어를 정말 못하는 데 더욱 놀랐습니다. 왜 그럴까요?

우선 아이들이 우리말을 어떻게 배우는지를 살펴볼까요? 아이는 태어나서 웃는 것을 배우는 데 6주가 걸리며 의식을 가지고 대소변을 가리는데 3년 이상이 걸립니다. 그런데 1년이 지나면 말을 시작합니다. 즉 아이는 뚜렷한 의식 없이 듣는 것을 따라 하면서 3살 이전에 말을 하게 되는 것이죠.

저는 성인들도 영어를 배울 때 무의식적으로 듣고 따라 하기부터 해야 한다고 판단하고 Katie Shadowing 법을 개발해서 수년째 성인들과 어린 학생들을 가르치고 있습니다. Katie Shadowing 법이란 인터넷에서 말하는 자막을 보면서 말하기가 아니라 눈

감고 들리는 대로 앵무새처럼 따라 하는 방법입니다.

아이는 태어나서 앞이 보이지 않습니다. 눈은 있어도 시력을 찾는 데까지 3개월 이상이 걸립니다. 그러나 **듣는 것은 태어나면서 바로 발달하며 죽을 때까지도 가장 늦게까지 남아있는 기능**입니다. 듣는 것을 발달시키는 방법은 눈을 감는 것입니다!

처음으로 돌아가서 우리는 왜 영어를 못할까요? 영어를 배우는 성인과 학생들은 영어를 논리적으로 설명해주고 생각해야만 배울 수 있다는 굳은 신념을 가지고 있습니다. 그래서 영어는 어렸을 때 배워야 원어민처럼 발음도 하고 말도 잘할 수 있다는 그릇된 믿음을 갖게 되었습니다.

우리말을 원어민처럼 하는 외국인들을 TV에서 보지요. 이 말은 영어를 원어민처럼 하는 것이 성인도 가능하다는 것이지요. 여러분이 미국사람에게 한국어를 가르친다고 생각해봅시다. 듣기, 말하기, 읽기, 쓰기, 문법 중 무엇을 먼저 가르치실래요? 대부분이 말하기, 문법을 말씀하십니다. 그러나 영어 회화는 듣고 따라 하기부터 해야 합니다. 영어회화의 가장 심각한 문제는 듣기, 말하기, 읽기, 쓰기 중에서 우선순위가 혼동되어 발생합니다. 어린아이가 태어나서 우리말을 배울 때 제일 먼저 시작하는 것은 듣기입니다. 말하기 두 번째, 읽기 세 번째, 마지막으로 쓰기를 하죠.

무의식 듣기 훈련 ▸▸ 말하기 ▸▸ (학교입학) 읽기 ▸▸ 쓰기

전 세계 모든 나라에서 모국어는 무의식적으로 듣기에서 출발합니다. Katie Shadowing은 듣는 대로 따라 하면서 동시에 녹음합니다. 무슨 뜻인지는 몰라도 됩니다. 앵무새처럼 똑같이 하려고 애쓰기만 하면 됩니다. 즉 무의식적으로 영어의 뉘앙스를 느끼게 하는 것입니다. 아이처럼 생각 없이 들으면서 앵무새처럼 따라 하기, 틀려도 오케이. 왜 그럴까요? 아이들은 처음에는 못 알아듣는 것 그냥 무의식적으로 듣고 생각 없이 따라 합니다. 잠을 자는데 엄마가 깨웁니다.

엄마: 학교 가야 해, 일어나!
자고 있는 아이: 싫어!

부인: 출근하셔야죠, 일어나세요!
자고 있는 남편: 십 분만 더 자고.

우리는 잠결에도 자연스럽게 우리말을 합니다. 그 이유는 무의식적으로 언어를 내뱉어서 그렇습니다. 갓난아이가 세 살까지는 한국어에 그냥 노출되어 있는 상태입니다. '엄마: 자 오늘은 공존이라는 단어를 가르쳐 줄게. 공존이란, 너와 내가 같이 존재하는 거야.' 하고 우리말을 가르치지 않습니다.

딸 : 아빠 뭐해?

아빠 : 면도해.

다음날

딸 : 아빠 만두 해?

아빠 : 아니 면도해. 면. 도.

일주일 후

딸 : 아빠 만도해?

아빠 : 면. 도.

딸 : 면. 도.

면도라는 단어를 배우는 데 시간이 오래 걸리죠. 우리나라 영어 수학능력시험을 치르기 위해서 알아야 하는 단어가 약 1,800개 이상입니다. 이 정도면 미국 초등학교 저학년 수준의 단어를 아는 것입니다. 그런데 미국 초등학교 저학년 아이가 우리나라 고등학교를 졸업한 학생보다 훨씬 영어를 잘하죠. 왜 그럴까요? 모국어라 서요? 물론 모국어이기 때문이겠죠. 그러나 그것은 논리적인 대답이 아닙니다. 미국 초등학교 다니는 아이는 무의식적으로 영어를 말하기 때문입니다. **Katie Shadowing을 계속하면 자연스럽게 뉘앙스가 몸에 붙습니다.**

Hearing과 Listening의 차이는 무엇일까요? Katie Shadowing을 시키면 처음 시작하는 학습자들의 반응은 항상 똑같습니다. "너무 빨라서 못해요." Katie Shadowing은 Listening 아니라 Hearing을 하라는 것입니다. Listening은 주의를 집중해서 듣는 것이고요. Hearing은 그냥 듣는 것입니다. 무슨 말을 하는지 의식을 집중해서 들으면 누구도 따라 할 수 없습니다. 동시통역 훈련을 최소 10년 이상 하면 모를까요.

우스펜스키가 쓴 〈The Psychology of Man's Possible Evolution〉이라는 책을 보면, 우리 뇌에 4가지 센터가 있다고 합니다. 본능센터, 운동센터, 감정센터, 지각센터입니다. 그런데 이 중에서 가장 느린 것이 지각센터입니다. **운동센터는 지각센터보다 30,000배가 빠르다고 합니다.**

배드민턴 셔틀콕이 날아오는 속도는 구기 종목 중 가장 빠른데요. 무려 400km/hr에 달합니다. 공이 날아오는 순간에 "공이 날아오는구나! 헉, 왼쪽 어깨 아래 30cm 지점이네. 음, 백핸드로 언더클리어를 쳐야지."라고 생각하면 이용대 선수도 못 칩니다. 그냥 순간적으로 반응하는 것이 중요하죠. 즉 오랜 훈련으로 지각센터가 판단하는 것이 아니라 운동센터가 빠르게 반응하는 것이죠.

이것이 영어를 Listening 하면 안 되는 이유입니다. 그냥 반응할 수 있어야 합니다. **Hearing은 Listening보다 30,000배 빠**

르기 때문입니다. 위, 아래로 올라가는 영어의 뉘앙스, 즉 성대모사를 하라는 것입니다. 들리는 것을 음악으로 생각하고 속도를 맞추어서 들리는 대로 내뱉기만 하면 됩니다. 앵무새 IQ가 얼마나 될까요? 그런데도 잘 따라 하죠? 의미는 몰라도 됩니다. 제발 본인의 IQ를 낮추어 주세요. 생각하지 마시고 그냥 따라만 하세요. 처음에는 틀리는 것이 정상입니다.

알파벳도 모르는 어린이에게 Katie Shadowing을 가르치면 성인보다 훨씬 잘해냅니다. 왜 그럴까요? 성인들은 달을 가리키는데 자꾸 손가락을 봅니다. 성인들은 계속 생각을 합니다. 그냥 따라만 하시면 됩니다. 우리 뇌의 운동센터가 지적센터보다 30,000배 빠르다고 했죠? 감정센터는 운동센터보다 다시 30,000배 빠르답니다.

Katie Shadowing 할 때 뉘앙스를 느끼면서 하는 게 아주 중요합니다. 느끼면서 듣고 따라 해야 합니다. 요즘 인터넷에서 주장하는 자막보고 하는 Shadowing은 효과를 보기가 힘듭니다. **미국인하고 대화하는데 자막 보여주나요?** 느끼면서 듣는 것이 출발입니다. 자막을 보면 생각을 하기 시작합니다. 못 알아들은 발음을 자막을 보고 들은 것으로 착각합니다. 영어책은 잘 읽는데 영화를 자막 없이 보는 사람이 드문 것은 발음 때문입니다. 그래서 느끼면서 듣고 뉘앙스를 알아내는 것이 중요합니다.

전화 회의 중에 (전화 상대방이 들리지 않게 속으로) '이 친구들 우리 물건 안 살 것 같은데.'
세일즈맨 김: "제품에 하자가 있다고 말씀하시는 것이 좀 늦었습니다."
구매부 박: "인터넷 이미지하고 다르잖아요. 반품하려고 하는데 택배비는 그쪽에서 내세요."

우리는 **대화할 때 문장을 분석할까요? 아니면 뉘앙스를 가지고 판단할까요?** "우리 헤어져."라는 말을 안 해도, 여러 가지 뉘앙스를 통해서 상대방이 이별을 말할 것을 이미 압니다. 대화에서 단어가 얼마나 중요할까요? 이마트에서 한 외국인이 제 앞에서 물건 값을 지불하고 있었어요.

캐셔: 26,000원이요. 현금이세요? 아니면 신용카드?
외국인: 현금이요.
캐셔: 현금영수증 필요하세요?
외국인: ….

대화 갑자기 멈춤. 즉, 돈을 알아듣고, 현금을 알아듣고, 신용카드까지, 그런데도 대화는 왜 멈추었을까요? 단어를 몰라서? 단어를 알면 대화가 잘 될까요? 이 스토리의 제목은 '영수증이란 단어를 알고 있는 외국인'입니다. 많이 경험해 보셨겠지만, 우리가 잊어버린 단어를 계속 노력해서 찾으려고 하면 할수록 그 단어가 기억이 나지 않습니다. 흔히 지갑을 잃어버렸다거나, 차 키를 어딘가에 두었는데 "어디에 두었지?" 하면서 의식적으로 찾으려고 애써도 쉽게 기억나지 않습니다.

우리말도 숙어 표현, 고사성어 등이 생각나지 않을 때가 종종 있습니다. 학습자들이 자주하는 질문이 단어입니다. 제가 그 단어를 말해주면 대답이 **"어, 그 단어 알고 있었는데."**라고 합니다. **Katie Shadowing에서처럼 틀리는 것 같은데도 들리는 대로 생각하지 말고 앵무새처럼 말했다면 어떻게 되었을까요?** 그 외국인이 틀린 발음이라도 "혀금 여수증?" 하고 말했다면 Cashier는 분명히 다시 영수증을 천천히 말하거나 다른 방식으로 설명해서 대화의 동시성(속도)을 유지해 주겠지요. 그렇다면 대화가 멈추는 일은 없었을 것입니다. 만일 외국인이 "해금 여수증?" 했다면 cashier는 다시 똑바로 "현 금 영 수 증" 하고 또박또박 말해 주겠지요. 듣고 따라 하기만 해도 상대방과 대화의 100%는 성공 시키는 것이지요. 우리 학습자들은 못 알아들어서 얼굴이 빨개지는 훈련을 시킵니다. 실전연습이지요. 컨퍼런스 미팅 중에 사장님 앞에서 미국인 고객이 한 말을 못 알아들었다고 생각해보세요, 얼마나 창피할까요? 이마트 외국인처럼 더욱더 현금영수증 단어 생각이 나지 않겠지요. **틀릴까 봐 라는 두려움은 사람의 혀를 묶어 둡니다.**

우리는 방어 기제 때문에 틀려서 자존심에 상처받는 것을 아주 꺼립니다. 수치심 때문에 말문을 막아버리는 것이죠. **Katie**

Shadowing은 대화의 진행을 멈추지 않는 데 있습니다. 미팅 중에 상대방의 말을 자막으로 볼 수는 없겠죠? 설사 상대방의 말을 자막으로 본다고 한들 모르는 단어는 어떻게 해결하시겠습니까? Shadowing을 하는 학습자의 예문을 들어서 설명해 드리면 언어는 그리고와 그러나로 연결되어있습니다. 예를 들어서,

A: 언어는 정보 교환이야.

B: 교환이 무엇이지요?

A: 내가 주고 네가 받고. 네가 주고 내가 받고.

'교환'이라는 단어를 모르면 어떻게 하지요? 하고 물으면 대화가 멈추지 않고 진행되는 것처럼 Katie Shadowing 훈련이 잘된 분들은 그대로 따라 해서 물어보면 최소한 대화가 끊어지는 일은 없겠지요. 멍하니 외국인 얼굴을 쳐다보면 대답이 없겠지요. 그렇다고 I beg your pardon?만 외치면 상대방은 내가 무엇을 못 알아들었는지를 모르겠지요. 안타깝게도 두려움, 못 알아듣는 것에 대한 수치심은 불안함을 증가시킵니다.

우리 신체에는 knee-jerk reaction이라는 것이 있습니다. 이것은 우리의 생리적인 현상이지만 영어에서는 비유적인 용법으로 자주 사용됩니다. 가정의과, 정형외과 의사가 무릎을 의학용 망치로 살짝 때리면 무릎 밑의 다리가 저절로 올라옵니다. 이러한 동작은 인간이 의식하지 않아도 반응을 한다는 것을 보여줍니다. 그

런데 만일 두려움이 생기면 즉, 의사가 무릎을 의학용 망치로 때리기 전에 환자가 무릎을 손으로 막거나 하는 행동을 하면 망치로 때려도 무의식적 반응인 무릎이 전혀 반응을 안 하겠지요. 이렇듯 언어는 자연적으로 나오는 반응이어야 합니다. 그것에 대한 두려움, 수치심을 이겨 내지 못하면 Katie Shadowing은 성공하기 어렵습니다. 그러나 두려움과 수치심을 이겨낸다면 Katie Shadowing을 시작한 지 4주 안에 듣기가 확연히 늘었다는 것을 스스로 느낄 수 있습니다. Shadowing을 하게 되면 발음도 좋아집니다. 한국어를 계속 Shadowing 하는 외국인은 어떨까요? 발음이 당연히 좋아집니다. 세 살짜리 아이가 처음에는 발음을 잘하지 못하지만, 한 달 이상 연습해 발음을 잘할 수 있다는 것은 단순반복이 낳은 결실이지요. 성인들도 무의식적으로 반복해서 따라 말하기를 매일 하면 원하는 발음을 할 수 있습니다. 영화배우를 보세요. 북한, 조선족, 제주도 방언을 앵무새처럼 할 수 있죠?

영어 방언은 한국 방언보다 훨씬 많습니다. 흑인 영어는 백인영어와 너무 달라서, 같은 미국에서도 백인이 못 알아듣습니다. 뉴욕 주 안에서도 다른 accent를 사용합니다. (Brooklyn, Manhattan) 바로 위, 아래 Boston, Philadelphia 지역 억양도 다르지요. 그 지역에 있으면 "아 이 사람 Boston에서 왔구나."라고 생각합니다. 캐나다 발음은 학습자들이 미국 캘리포니아의 발음과 똑같다고 생각합니다. 다르지요. 그럼 무엇을 shadowing 할까요? Entertainment 영어인 영화, TV 드라마와 TED를 비교해봐요.

영화, 드라마 영어	TED 영어
중학교 단어	전문 용어, 단어
동네 아줌마, 아저씨 일반 영어	Business, 정치가, 과학자, 문화, 다양한 분야 전문가 발표
120분 안에 스토리 주제 찾기	10분 안에 키워드 찾기 가능
영화에 따라 발음이 제한적, 즉 할리우드 영화는 미국인이 대부분이며 국제화된 영어 발음 제한적	다양한 발음, 캐나다, 영국, 인도, 아프리카, 등 국제적 그 나라의 영어 발음과 다양한 스피커
유료	무료
시간, 장소 제한	스마트 폰 application으로 시간, 장소 제한 적음
욕, 슬랭	슬랭이 있어도 실제 회사에서도 사용하는 부드러운 것
너무 많은 사람이 한 번에 나와서 shadowing 시 사람이 바뀔 때마다 혼란스러움	한 사람이 3분~25분을 계속 이야기해서 Shadowing시 혼동 없음.

Voice of America(VOA)는 TED와 다르게 뉴스를 읽는 형태로 재생 속도를 줄일 수 있는 기능이 있는 애플리케이션입니다. 저는 학습자에게 VOA보다는 TED를 권유하는데 처음에는 너무 빠르다는 생각이 들지만, 각각의 다른 주제 발표자의 발음을 Katie Shadowing을 하면서 녹음을 한다면 2주 안에 아주 친숙해집니다. 앵커들이 하는 뉴스 프로그램의 문제는 발표력이 떨어진다는 것입니다. 다시 말하면, 앵커는 마치 책 읽듯이 뉴스를 읽어 나가기 때문에 우리가 집중적으로 연습해야 하는 발표력에 도움이 안 된다는 것이죠. 직장에 다니시는 분들은 presentation을 많이 해야 하고 또 잘해야 하지 않나요? 그러니 앵커가 하는 책 읽듯 하

는 영어는 도움이 안 되겠지요. 학습자들 중에는 Story book으로 Katie Shadowing을 하면 안 되느냐고 묻는 분들이 종종 있는데요. 저는 아주 반대합니다. 물론 미국에서 유치원 선생님 준비하시는 분은 예외고요. 어린이용 스토리 북은 이렇게 되어있습니다.

옛날 옛날에 아주 예쁜 공주가 살고 있었습니다.
(목소리 귀엽게 읽으세요. 아이들이 좋아하는 억양으로!)
그 공주는 외딴 섬에 갇혀서 하늘만 바로 보고 있던 어느 날….

회사에서 미팅 중에,

직원: 사장님, 응아 놓고 오면 안 돼요?
사장: 쉬아는 이따가 해.

라고 하지 않고

직원: 사장님, 잠시 Coffee Break를 하면 어떨까요?
사장: 그럼 잠깐 쉬고 다시 진행합시다.

라고 하지요. 왜냐하면, 직장에서는 전문성과 교양을 요구하기 때문입니다.

1. 나는 영어 선생님 '케이티'이며 15년 경력이 있습니다.

2. 저는 영어 선생님 '케이티'로서 15년의 경력과 노하우가 있습니다.
3. 케이티는 15년간 영어강사로 일을 했습니다.
4. 15년간 케이티는 영어강사로 밥을 먹고 살았습니다.

어떤 것이 영화적, 드라마적 표현이고 어떤 것이 더 Business적인가요? 키워드는 '자기소개'지요. Katie Shadowing의 목표는 여러분이 정하시기 나름이겠지만 직장에 다니시는 분들이라면 영화나 드라마보다는 TED로 하시는 것이 많은 도움이 되실 것입니다. 아울러 우리 부모님들도 아이가 공손하지 않은 표현을 하면 고쳐주지요. 그것은 미국도 마찬가지입니다. 친구들끼리 하는 말과 회사에서 직장 동료, 상사와 쓰는 표현은 너무 다르지요. 그래서 가능하다면 공손하고 예절 바르며 교양 있는 영어를 shadow-ing 하시는 것이 필요합니다. 그래서 저는

2. 저는 영어 선생님 '케이티'로 15년의 경력과 노하우가 있습니다.

나오는 자료를 먼저 shadowing 하겠습니다. 그리고 일반 회화에서 사용하는 단어의 화려함을 전문 단어와 비교해 보겠습니다. 중학교 단어가 큰 우산이라면 전문용어는 작은 우산입니다. 중학교 단어가 쉬운 것 같지만, 그것을 구체적으로 공부해서 완벽하게 그 뜻을 소화하는 데는 오랜 시간이 걸립니다. 그러나 전문용어에는 대부분 한두 가지 의미밖에 없습니다. Cardiologist는 심장 전

문의라는 뜻 하나밖에 없어요. 위의 cardio-를 사용해봅시다.

I do cardio. 나는 유산소 운동을 해.

유산소 운동은 전문적 표현이지요.

나는 달리는 것 좋아해.
I like running.
I love running.
I want to run everyday.
I run.

학습자들이 심장전문의는 heart doctor라고 하시는데 충분히 미국에서 통할 수 있는 표현입니다. '심장 전문의'는 '심장 의사'와 같은 느낌이죠. 그러나 heart 자체가 뜻이 10개 이상 되는 단어라서 'cardio-'라는 전문용어를 사용하면 의미가 명료해지죠.

A: 뼈 의사 만나야 해.
B: 정형외과 전문의 만나야 한다고?

심장 의사를 heart doctor라고 하는 것은 마치 bone doctor라고 하는 것과 마찬가지예요. (심장전문의 cardiologist, 정형외과 전문의 orthopedist) 전문용어는 뜻이 정해져 접두사, 접미사는 중학교 단어와는 다르게 한, 두 가지 뜻만 가능하게 해요. 중학교 단어 run의 용례를 볼까요?

1. Run a business ~
   사업 운영하다.
2. Run for presidential candidate ~
   대통령 후보로 출마하다.
3. My sink was running with water.
   내 싱크대가 물로 덥혔다.
4. The chocolate cake began to run.
   초콜릿 케이크 녹기 시작했다.
5. Cash is running low.
   현금이 줄고 있어.
6. Our fight will run and run.
   우리 싸움은 계속될 거요.
7. I have got a new tattoo running down my thigh.
   허벅지를 따라서 새로운 문신했어.
8. My car didn't run off the snow-covered highway.
   내 차는 눈 덮인 고속도로에서 사고 나지 않았다.
9. Should I run you home?
   내 차로 데려다줄까?

이 외 20개 이상 더 있어요. 여러분이 사전에서 중학교 단어, 고등학교 단어, 전문 단어 하나마다 들어있는 예문들을 보세요. 어떤 것이 제일 많은 예문을 가지고 있나요? 중학교 단어가 흔히 말하는 일반회화 영어입니다. 여러분이 잘 알고 있는 메이크업(make up)을 예문으로 들어 볼까요?

1. Makeup lesson on Tuesdays.
   (Supplement) 화요일마다 보강. (보강의 뜻)
2. I didn't have a make-up in this morning.
   (Cosmetics) 오늘 아침 화장 못 했어. (화장의 뜻)
3. Did you make up with her?
   (Make a peace) 그녀와 화해했어? (화해의 뜻)
4. Make it up as you go along.
   (Be creative) 하면서 지어내 봐. (지어내 보라는 뜻)

Katie Shadowing에서 느낌을 강조하는 것은 뉘앙스를 알아채기 위한 것입니다. 바이올린이나 피아노 학원에서 배울 때 악보만 보라고 하지 않고 유명한 연주가의 연주를 듣게 하잖아요. 그 이유는 전문가가 그 곡을 해석한 분위기, 정확한 리듬, 표현력, 클라이맥스, 디크라센도, 스타카토, 슬러, 리듬을 느끼라는 것이지요. 그것이 뉘앙스입니다.

The Learning Brain: Memory and Brain Development in Children의 저자 Torkel Klingberg는 말합니다. 원어민이 어려

서 모국어를 배울 때는 쉽고, 성장해서 외국어를 배울 때는 어렵다. 그 이유는 성장과 함께 의식의 발달 때문에 나타나는 것으로 두뇌의 발달이 안되었을 때 받은 정보는 무의식적으로 받아들이기 때문에 쉽다는 것입니다. 즉 듣기 훈련을 무의식적으로 앵무새처럼 따라 하는 훈련은 언어의 동시성을 지켜주며 키워드를 쉽게 찾고 언어의 뉘앙스를 느끼는 훈련으로서 그대로 내뱉기만 하면 거기에서 무의식적으로 배우게 되는 것입니다. Katie Shadowing을 하시면 밑의 문법 기초 예문에서 바로 대답할 수 있습니다.

Q: What's his name?

A: His name is Kim.

반복되는 표현들, 즉 영어 질문에는 이미 대답에 사용될 표현이 들어 있고 그것을 그대로 복사해서 대답하시면 됩니다. 회사에서, 미국에서, 영어로 질문을 받으면, 항상 질문의 표현을 그대로 사용하시면 됩니다.

Example 1.

A: Are you working?

B: Yes, I am working?

A: What are you working on?

B: I am working on a new project.

키워드 'working'이지요.

Example 2.

A: Language is exchange.

B: What is exchange?

A: Give and take!

키워드 'exchange'

그런데 기초과정의 문제는 문장에 맛이 떨어진다는 것입니다. 두 살짜리 아이와 여덟 살짜리 아이, 대학생 중에서 같은 단어를 반복해서 사용하는 사람은요? 두 살이겠지요. 같은 단어를 반복해서 쓰면 문장의 맛이 떨어집니다. 단순한 표현인데도 영어 학습자들이 제일 많이 실수하는 부분이 동사예요. 친구의 말, 부모님의 말씀, 직장 상사의 말을 그대로 따라 해보세요. 우리가 우리말을 잘 알기 때문에 Shadowing 할 때 상대방의 말에 대한 이해도가 많이 올라갑니다. 그런 다음 상대방의 말을 키워드로 정리해 보세요.

Hardwood grows slowly.

— Never broken, Jewel —

Keyword: Storytelling

15년간 학생들로부터 가장 많이 부탁받는 것이 영어의 중요표현, Business Email 쓰기 중요표현, 자주 쓰이는 숙어를 가르쳐 달라는 요청입니다. 아이들이 학교에 들어가서 우리말을 배우는 마지막 단계가 쓰기인데 한국 성인 학습자들이 먼저 배우고 싶은 것 중 하나가 Business 영어 이메일 쓰기입니다. Business 영어 이메일 쓰기에 비법이라도 있는 양 그것을 알려달라고 합니다. 그러나 영어의 쓰기 실력은 그것이 Business Email이든 소설이든 뉘앙스에 대한 철저한 이해가 있어야 가능한 것입니다. 그리고 학습자들은 실제로는 중요하지 않은 표현을 먼저 배우려고 애를 씁니다.

'케이티, 37세'가 키워드입니다. 나는, 예요, 저는, 입니다. 키워드가 아니지요.

아이들은 이렇게 말을 시작합니다.

맘마, 응아

완벽한 문장을 만들지 못하는 것은 당연하지요. 중요하다는 기준점은 무엇일까요?

제가 미팅을 하겠다고 말씀드렸는데요. 10분 후 모두 참석해 주시기 바랍니다.

키워드 '미팅, 10분 후, 모두 참석'

키워드는 말하고자 하는 사람의 의도를 전달하는 데, 꼭 필요한 단어입니다. 미국 상점에서 물건 사는데 멋있는 문장보다는 물건값을 잘 계산하는 게 더 중요하겠죠? 대화는 탁구와 같습니다. 받아치는 것이 중요하죠. 즉 속도가 중요합니다.

아이들은 필요한 단어를 먼저 말합니다.

맘마, 응아

성인들은

I … Like… To… mountain… for… hiking. tomorrow.

문장을 만드는 주어, 동사를 고민합니다. 그 시간에 *Hiking,*

*Tomorrow*와 같이 키워드를 말하는 훈련이 먼저 필요합니다. 우리말에서도 분명하게 키워드를 전달하지 못하고 횡설수설하시는 분들이 많은데요. 이러면 영어를 잘하기 힘듭니다. 언어란 기본적으로는 정보의 전달이잖아요. 키워드를 강조해서 전달하는 연습이 잘되어야 우리말도 영어도 잘할 수 있습니다. 다음 예문을 살펴볼까요.

100미터 전방으로 가시면 왼쪽에 맥도널드 보일 거예요.

키워드 '100미터, 왼쪽, 맥도널드'

어떤가요? 키워드만 말해도 무엇을 말하려는지 충분히 이해가 되죠? 만일 학습자가 "*100미터 전방으로 가시면 왼쪽에 맥도널드 보일 거예요.*"를 영어로 번역하시면 *Walk down the street for about 100 meters, then you will see Mcdonald on your left.*

학습자는 완벽한 문장을 구사하기가 힘들지요. 동시에 일어나는 대화를 이끌기 위해서는 키워드만 말하기 연습을 해야 합니다. 동사, 주어, 목적어, 부사, 형용사는 필요 없고 하고자 하는 말의 키워드만 말하는 것으로 시작해야 합니다.

Katie
English Teacher
15 years

그런 다음 살을 붙여주면 훌륭한 영어가 됩니다. 즉 키워드가 먼저이고 문장은 나중에 하면 되는 것이죠.

1. 케이티는 15년 동안 영어 강사이다.
   Katie is an English teacher and it's been 15 years.
2. 케이티는 15년 동안 영어 강사로 지냈다.
   Katie has been an English teacher for 15 years.
3. 케이티는 15년 동안 영어 강사를 해왔다.
   Katie has worked as an English teacher for 15 years.
4. 케이티는 15년 동안 영어 강사로 일해 왔다.
   Katie has been an English teacher for the last 15 years.
5. 케이티는 15년 동안 영어 강사로 일했다.
   Katie worked as an English for 15 years.
6. 케이티는 15년 동안 영어 강사였어요.
   Katie had been an English teacher for 15 years.
7. 케이티는 15년 동안 영어 강사랍니다.
   Let me, please. 'Katie has been an English teacher for 15 years.'
8. 케이티는 15년 동안 영어 강사잖아?
   Katie has been an English teacher for 15 years, hasn't she?
9. 케이티는 15년 동안 영어 강사라고 들었어.
   I've heard that Katie has been an English teacher for 15 years.

살을 붙이는 역할은 영어 선생님이 해주면 됩니다. 처음부터 너무 신경 쓰지 마세요.

Here's a story-telling version:

1. 단순한 표현

   My name is Katie. I have been an English teacher for the last 15 years.

   제 이름은 케이티입니다. 지난 15년 동안 영어 강사로 일했습니다.

2. 부드러운 표현

   I started teaching English in my early 20s. I have been in this business ever since. I am in my late 30s now.

   영어 가르치는 것을 20대 초반에 시작했다. 그 이후로 계속 해왔다. 지금은 30대 후반이다.

3. 대화 형식

   A: Who is Katie?

   B: She is an English teacher.

   C: How old is she?

   D: She is in her late 30s.

   E: When did she start teaching?

좀 더 복잡한 문장으로 해볼까요?

Katie

English Teacher

15 years

Break up

Alcoholic

3 years

여기에 살을 붙여 줍니다.

Katie has been an English teacher for around 15 years. She went through a breakup and became an alcoholic for three years. 케이티는 영어 강사로 15년 정도 일했다. 헤어짐을 겪고 3년간 alcoholic이 되었다.

학습자가 처음부터 키워드를 굳이 영어로 100% 찾아서 준비할 필요는 없습니다. 처음에는 99% 한국어 + 1% 영어 이렇게 하면서 2주가 지나면 70% 한국어 + 30% 영어로 키워드를 늘려가는 것이죠. 우리나라에서 고교필수 단어가 1,800개입니다. 미국 어린이 초등학교 저학년 수준인데요. 말은 전혀 못하죠. 단어 500개쯤 아는 5살짜리만도 못하죠. 문장을 못 만들어서가 아니라 속도와 키워드에서 밀리는 것입니다. 키워드 영어가 되면 일단 대화를 시작할 수 있습니다. 아이들은 먼저 키워드 말하고 부모님이 살을 부쳐주는 역할을 영어강사가 하는 것이지요.

Last week
Nothing Special
Busy this month
Customer orders
Many

위의 키워드는 우리말로 100% 준비하셔도 되고 시간이 지나면서 차츰 학습자 혼자서 영어로 하시면 되지요. 우선순위는 우리말 키워드지요.

살을 붙여서 부드럽게

1. Nothing really happened last week. Unfortunately, I am going to be busy this month due to many customer orders. 지난주에 아무 일도 일어나지 않았어. 불행하게도, 이번 달부터 많은 고객 주문 때문에 바쁠 것 같다.
2. It was one of those typical week days. Nothing really happened. Just quiet. But I will be tied up at work soon owing to billions of orders from customers in this month. 전형적인 주중이었다. 별다른 일 없이. 조용하게. 그

런데 이번 달 수십억의 주문 덕에 곧 일에 매달릴 것 같다.

3. My week days were same as ever. However, I am looking forward to a busy month thanks to countless orders from customers. 항상 평상시와 같아요. 그런데 끊임없는 주문으로 바쁜 달을 고대하고 있어요.

키워드는 키워드끼리 연결 시 스토리가 되는 것입니다. 키워드 스토리 훈련이 중요한 것은 많은 학습자들이 문장을 고집하면서 전혀 핵심은 전달이 안 되기 때문에 제가 고안을 한 것입니다. 그렇다면 키워드는 무시하고 문장을 고집하면 어떤 문제가 생길까요? *학습자: 틀린 것 같아. 현재완료? 진행인가? 단순현재? 주어가 먼저 와야 해.* 속도, 문법, 발음, 무슨 말인지 하나도 못 알아듣는 상황 발생합니다. 그런데 예상외로 많은 분들이 우리말로도 키워드를 못 찾습니다. 그래서 말이 자꾸 횡설수설하게 되는 겁니다. 자, 독자분들 한번 해보세요.

1년 후 계획을 우리말로 키워드 스토리를 만들어 보세요.

혼자서는 잘해도 왜 남들 앞에서는 키워드 찾기 힘들까? 학습자들이 우리말로 키워드 스토리 만들기가 힘든 것은 전혀 해보지 않은 것이라서 그렇습니다. 우리말로 키워드 찾는 훈련은 수업 시간으로 하면 보통 4시간 정도 걸리고 그 이후부터는 학습자가 혼자서 하는 데 무리가 없습니다. 이제 아래의 과제를 키워드로 스토리 만들어 보세요.

1. 자기소개 우리말 키워드로 말하기 훈련
2. 취미
3. 직장업무 소개
4. 일과
5. 최근 프로젝트

현재까지의 책의 내용을 키워드로 쓴다면 'Katie Shadowing, 언어 동시, 키워드 먼저, 문장 무시, 살 붙이는 것은 나중에.' 왜 문장은 나중에 해야 하는 걸까요? 우리나라에서 영어 꽤 한다는 분들도 실제로는 문법, 단어의 적절함, 발음 모든 것이 엉망입니다. 그러면 영어 수준별로 어법에서 실수하는 비율은 얼마나 될까요? 고급, 중급, 초급 학습자들은 100% Konglish 합니다. 실제로 영어 강사도 실수합니다. 한국어를 하는 미국인들이 한국 대학교에서 국문학을 공부할 수 있는 수준의 한국어를 이해할 수 있나요? 즉, 한국어를 잘한다는 기준이 독자분들은 무엇이라고 생각하세요? 한국어 잘하는 기준? 발음, 동시성(속도), 단어의 적절한 사용, 문법, 전체 스토리 흥미 있는 전달. 미국인이 한국어 배우기 시작합니다. 처음부터 완벽하게 못하지요.

1. 나는 시보년이야 케이티 영어선생다.
2. 나를 케이티영어 선생을 이야 씹어년.

3. 저가 영어 선생케이티 불러요.

4. 케이티 영어 선생 저를 부러줘요.

위의 말이 틀렸나요? 왜 틀렸죠? 문법적으로 설명하실 수 있으세요? 우리말로 교정은 쉬어도 **'왜' 틀렸는지 설명은 어렵지요.** 시간도 오래 걸려요. 피아노 체르니 30이면 아마추어로서는 고급수준이죠. 그러나 음악과에 합격할 수준은 아니죠. 영어도 마찬가지로 학습자들이 일반적으로 생각하는 기준은 실제 영어에서는 상당히 낮은 수준입니다. 케이티 키워드 스토리 훈련은 몇 개의 스토리를 한 시간 안에 아주 많이 만들 수 있습니다.

미국과 conference meeting 중

> 잠시만요, 사전과 문법책 보고 맞는지 확인하고 말할게요.
> Excuse me, Let me look up a dictionary. I can't find right grammar and vocabularies.

이렇게 하시는 분들 없겠죠? 영어로 말할 때 문법 생각하면, '세월아 네월아' 듣는 사람 답답해 죽습니다. 70% 키워드 한국어 + 30% 키워드 영어라고 해도, 문장 만들지 마세요. 키워드로 스토리 만드는 훈련 이제 왜 중요한지 아셨죠? 수업 중이라도 문법 실수를 100% 교정해주는 것은 불가능합니다. 그래서 우선순위를 두고 큰 실수부터 교정해줍니다. 키워드 스토리 훈련은 자기 생각을 동시에 전달할 수 있습니다. 실전 수업에서는 문장 만들어 주는 단계까지 오랜 시간이 투자됩니다. 학습자마다 그 속도도 다르고요. 초·중급자 영어 실력으로는 원어민이 원하는 문법을 구현할 수가 없습니다. 키워드만 말하면 발음과 단어의 적절성을 구사할 수 있고 원어민과 대화를 할 수 있습니다. 대화에서 가장 중요한 것은 Key-word!

나는 이야 케이티 영어 선생 시보년. ▶▶ 정확한 문장은 뭐죠?

1. 나는 영어 선생님 '케이티'이며 15년 경력이 있습니다.
2. 저는 영어 선생님 '케이티'로 15년 노하우가 있습니다.
3. 케이티는 15년간 영어강사로 일을 했습니다.
4. 15년간 케이티는 영어강사로 밥을 먹고 살았습니다.

정말 많습니다. 직장에서 프레젠테이션을 1시간씩 해도 사실상 키워드는 몇 개밖에 없습니다. 예를 들면 1번 Business 어렵습니다. *목표달성금액을 낮춰주세요.* 아니면 2번 *원래 목표는 이랬지만 우리가 너무 일을 잘해서 초과 달성했습니다.* 이런 거죠. 영어로는 *1번 Please make goals more attainable. 2번 Our target has been exceeded. Congratulations, Everyone!* 엄마가 잔소리를 온종일 해도 키워드는 역시 몇 개 안 되죠. *씻어! 공부해! 말 잘 들어!* 사장님이 월간 회의를 합니다. *X1 그리고 X2, 그리고 X3, 그리고 X4…. 그러나 Y.* 이러면 Y가 키워드죠. *(I have been telling you, it's "Y" How many times should I repeat myself, huh?)* 너는 예쁘고, 착하고 그런데 게을러 그러면 게을러가 키워드죠. 이 부장, 일 잘하고 있어, 그런데 미팅 전에 이 닦고 와. 입 냄새나. 이러면 '이 닦아'가 키워드죠. *Katie, Your lesson is great, but Q&A in Korean before you wrap up, please.* 이러면 Q&A가 키워드죠.

학습자에게 물었습니다. 신데렐라와 트와일라잇 키워드 스토리텔링 해주세요.

> 학습자1: 트와일라잇으로 키워드 하라고요? 너무 길어서…. 신데렐라는 그러니깐 고생을 많이 한 아리따운 여자가, 아니 소녀가 아버지를 잃고 구박을 받기 시작하지요. 새엄마가 자녀가 셋인지 둘인지 있는데 못생겨서 질투도 많고.
> 학습자2: 트와이라잇 뱀파이어와 신데렐라 스토리 공통점이요? 전혀 같은 이야기가 아닌데….

신데렐라 이야기와 영화 트와이라잇 뱀파이어 스토리 잘 아시죠? 이 긴 이야기를 키워드만 비교해 볼까요?

> 신데렐라: 가난한 주인공 여자 구박, 고생, 멋진 남자 만나 인생 편해짐.

트와이라잇: 잘생긴, 돈 많고, 착하고 완벽한 남자, 해피 엔딩.

일상생활의 예문을 찾아볼까요? *아기, 돈 모아, 결혼, 차 구입, 중국어 공부* 스토리는 키워드를 쭉 이어서 연결할 수 있습니다. 키워드 중에서도 우선순위가 높은 것을 먼저 말합니다.

키워드 '돈 모아, 결혼, 아기, 차 구입, 중국어 공부'

학습자: 1년 후 계획은 돈을 모아야 결혼할 수 있어서…. 아기도 낳고, 차도 한 대 구입해야 해요. 중국어 공부도 할 예정입니다.

▸▸ 1년 후 계획 한국어 키워드로 말씀해보세요.

대화의 동시성은 영어 회화의 궁극적 목적입니다. 이때 발음이 중요한 것은 만두를 면도라고 하면 못 알아듣고, 영어의 올라가고 내려가는 억양이 없으면 못 알아듣는 것입니다. 강세도 발음의 중요한 부분입니다. **컴**퓨터, 컴**퓨**터 굵은 글씨만 크게 읽어 보세요. 다시 말씀드리면 문장보다 키워드가 그리고 발음이 더 중요하다는 것입니다. 저는 **케이티**예요, **저는** 케이티예요. 굵은 글씨만 크게 읽어 보세요. 단어 사이 공간은 잠깐 쉬면서. 중요 단어 말하기 전 우리는 잠깐 멈추잖아요. **저는케이티예요**. 이렇게 말하는 분

없겠죠? 화났나? '저는', **'케이티'**, '예요.' 이렇게 강약이 있습니다. 단어 사이 공간이란 음악처럼 쉼표지요.

스토리는 길어도 키워드는 유사한 단어로 항상 반복되며 키워드는 말하기 전 잠깐 멈추고 말합니다. 우리말도 중요한 말하기 전에 잠깐 멈추는 것, 목소리 톤도 올라가는 것은 키워드라서 그러지요. 중요하지 않은 말 크게 할 필요 없잖아요. 영어의 강세가 그와 비슷하다고 생각하시면 됩니다. 인간은 하고 싶은 말을 반복합니다.

"오늘 공존이란 단어를 가르쳐 줄게. 공존은 너와 내가 같이 존재하는 거야. 모르겠어? 너와 나, 함께, 같이, 같은 시간…."

한국 아이 6세 ▸▸ 같이? 함께?

동사의 변화를 주어서 분위기를 바꾸어 볼까요? 오늘 공존이란 단어를 알려 드리겠습니다.

"공존은 너와 내가 같이 있는 거구나. 너와 내가 같이 ~있는 거겠지?"

~있는 거지

~있다고

~있어요

~있다고요?

~있다고 했습니다

~있는 걸까요?

~있는 거지요

~합니다

~존재하지요

~존재해

우리말 동사의 변화는 뉘앙스이자 말하는 사람의 의도가 들어 있습니다. 즉, 위의 동사 변화가 우리말에 있다면 영어에도 있을까요? 네, 맞습니다. 우리말에서 가장 많이 변하는 그리고 불안한 품사는 뭘까요? 동사입니다. 영어에서 가장 많이 변하는 그리고 불안한 품사는? 역시 동사입니다. 이렇게 동사는 원어민이 보기에도 너무 많이 변하고 불안합니다. 그러니 우선은 동사보다 키워드에 집중해서 대화하는 것이 필요하지 않을까요? 학습자들이 가장 많이 실수하는 것이 동사이며 케임브리지, 옥스퍼드 출판 영어 문법 교재 초, 중, 고급 70% 이상이 동사와 동사 뉘앙스 품사로 된 이유이기도 합니다. 원어민도 설명하기 힘든 부분이 바로 이 부분입니다. 위의 동사 변화 왜 그런지 설명 가능할까요? 외국인한테 독자분이 우리말 동사의 변화를 설명해서 다시는 잊어버리지 않게 할 수 있을까요?

할 수 있니?

한다고 하면?

하겠다고요?

하실 수 있습니다

한다?

하겠습니다

한다고요?

할 수 있는지 해봐요

한다고 했잖아요

하려면 해봐

해봐

하세요

해

되겠어요

그럴까?

그런다고요?

그런다니까요

그러세요?

그래?

그래서 영화 영어도 마찬가지입니다. 일상회화는 동사의 뉘앙스가 가장 심하게 나옵니다. 드라마틱한 것, 그것이 우리의 삶이죠. 우리의 삶을 만든 것이 영화죠. 이것을 어디서 볼 수 있느냐 동네 할머니나 떡볶이 아줌마가 말하는 것과 뉴스 앵커나 정치가가 하는 우리말을 동사만 비교해 보세요. 다음에는 단어의 선택, 전문적인 단어를 얼마나 사용하는지를 보세요. 제가 이렇게 말하면 학습자들이 "뉴스 앵커나 정치가가 하는 말이 더 어렵지요." 하시는데, Shadowing 편에서 기억나시지요? 외국인 입장에서 보면 여러 가지 의미가 있는 중학교 단어가 많고, 동사의 변화가 심한 동네 할머니나 떡볶이 아줌마의 말이 훨씬 더 어렵습니다. 영어 초급 문법에서

1. Katie is an English teacher. 케이티는 영어 선생님이야.
2. Katie has been an English teacher. 케이티는 영어 선생님입니다.

혹은

1. Do I go to school? 내가 학교 가나?
2. Should I go to school? 학교 갈까요, 말까요?

영어 초급문장에서도 미묘한 차이가 큰 뜻의 차이가 있어요. 이 예문을 보세요. 짧은데 각각의 뉘앙스는 다 달라요.

키워드 'How much?'

1. How much? 얼마?
2. How much would it cost? 얼마 정도 됩니까?

3. How much is it? 얼마지?

4. How much has it been? 얼마 정도 해왔지?

5. How much will it be? 얼마 정도 될까요?

6. I wonder how much it will cost me.
내가 얼마나 내야 되는지 궁금하네요.

7. How much will you charge me on this one?
얼마를 내가 내게 하려고요?

8. I'd like to know how much I have to pay for this.
얼마를 내야 하는지 알고 싶어요.

9. Tell me how much I should pay for this.
얼마를 내야 하는지 말해봐.

키워드 'What time?'

1. What time? 몇 시?

2. What time is it? 몇 시지요?

3. Can you tell me what time it is? 몇 시인지 알려 주세요.

4. What time did you say? 몇 시라고 했지?

5. Do you have the time? 몇 시인지 아나요?

6. Time, please. 시간요.

7. Do you think you can tell me what time it is now?
지금 몇 시인지 말해 줄 수 있을까요?

8. Why don't you tell me the time?
몇 시인지 말해 주는 거 어때?
9. It will be nice if you give me the time.
몇 시인지 말해 주면 좋지.

이러한 짧은 문장들 원어민들끼리는 잘 아는 차이죠. 짧은데 각각의 뉘앙스와 사용하는 상황은 다 달라요. 동사 때문입니다. 다음 학습자는 "*나 시험 봤어.*"라고 말하려는 것이지 "*실험을 했어.*"라고 말하는 것이 아니었습니다.

학습자 예문: *I did a test.*
교정 문장: *I took a test.*

학습자들의 문장 만들면서 늘 주어를 먼저 말하고 그런 다음 동사에서 혼동이 옵니다. 목적어는 대부분 주어, 동사보다는 무난하게 하지만 동사는 위의 문장의 전체 뜻을 바꾸어 버립니다.

위 학습자의 키워드 훈련:
Last week, Test, My college, Busy
같은 반 학습자:
I … wan… to have a new jacke. I am busy these-day. I will need a new winta jacke…. It's cold….

발음을 틀리게 말한 것을 위에 문장에서 볼 수 있어요. 학습자들 중에 단어의 끝을 확실히 발음하는 분을 보기 어렵습니다.

"이러게 저개 마하면 알아 드거어요."와 같이 못 알아듣게 되죠.

키워드 'Winter, A new jacket, Next week, Buy'

Key-word처럼 짧으면 발음에 신경 쓰겠지요?

초급 학습자가 준비한 키워드 스토리 예문

> A park, give animal food, my daughter, son, husband and I went to zoo park, fun sunday.

선생님과 함께하는 살 붙이기: 'Long ears have rabbits' 긴 귀의 토끼, 'but very small' 그러나 매우 작은, 'very scared' 매우 무서워 한, 'a big snake' 큰 뱀, 'a guard at zoopark' 동물원 경비, 'bunny food' 토끼 음식, 'to make matters worse' 엎친 데 덮친 격으로, 'the rabbit started to scream out loud' 토끼가 크게 소리 치르기 시작했다, 'ultimately contributed my daughter's outpouring cry.' 결국은 내 딸이 엉엉 울었다.

마지막 단계 완성된 키워드 스토리는 이렇게 되겠죠? 'I went to Zoopark with my family last Sunday. We saw this scared rabbit squeezed to death by a snake. I suppose it was time for the snake to be fed. To make matters worse, my daughter started to cry.'

처음에는 99% 우리말 + 1% 영어, 이렇게 시작해서 2주 지나면서 70% 우리말 + 30% 영어, 이런 식으로 키워드 영어를 늘려갑니다.

키워드 'Businessman, Samsung, Ten years'

문장으로 만들어 주면:

1. Samsung business man for ten years.
   10년간 삼성 비즈니스맨.
2. I have been working for Samsung for the last ten years.
   지난 10년간 삼성에서 근무하고 있습니다.
3. I am a businessman, Samsung, for ten years.
   10년 동안 삼성에서 비즈니스맨입니다.

저와 관련된 키워드 예문을 볼까요.

키워드 'My own business, A sole employee'

> Here's a story version: I have started my own business. 나는 내 사업을 시작했다.
> I do not manage staffs as I am the sole employee/boss. 내가 종업원이자 사장이라서 직원을 관리하지 않는다.

자기소개 예문입니다.

키워드 'Katie, English teacher, 15 years, Single, Nurse, Not now'

> Here's a story version of my key-word: Katie is an English teacher. She has been teaching English for 15 years. She is not married. She is single. She was a nurse. She is not a nurse now.

키워드 스토리가 만들어 지면 그 스토리 연관된 질문을 선생님이 해주지요. (선생님: A, 학습자: B)

A: What does she do for a living?

B: She's a teacher.

A: Was she a nurse?

B: Yes, she was.

A: Is she a nurse now?

B: No, She isn't.

A: How old is she?

B: I don't know.

A: How long has she been teaching English?

B: She has been teaching English for 15 years.

대화는 짧습니다. 즉, 문장으로 만들어서 대화하기는 논리적으로 힘들고 그래서 짧은 회화는 바로 가능하죠.

키워드 'Who likes working?'

A: I don't like working. Do you like working?

B: Who likes working?

A: Kim does.

B: Kim likes working?

위의 문장을 키워드 콩글리시로 바꾸면,

A: Like working?

B: No.

A: Kim likes Working.

키워드 스토리 훈련 다시 해볼까요? 이번에는 쉬운 단어보다는 수준 있는 단어를 사용해 보겠습니다.

키워드 'Single meal, Not memorable, Sharing, Memorable'

As a single woman, I don't go out for a meal all by myself unless I am with my boyfriend. 싱글인 나는 남자친구랑 같이 있을 때만 외식을 한다. I don't recall a meal that I can remember it was memorable eating alone in a kitchen or even at a restaurant. 추억에 남을 만한 부엌이나 식당에서 혼자 먹은 음식이 기억이 나지 않는다. Sharing is memorable. 같이 먹는 것은 추억이다.

키워드 반복 단어들 'Single, By myself, Alone/ Meal, Dinner/ Recall, Remember, Memorable'

키워드 훈련이 익숙해지면 쉬운 단어에서 수준 있는 단어들로 서서히 올라갑니다. 학습자는 수업 전에 키워드 스토리가 준비되어야 해요. 우리말로 하시고 우리말로 키워드를 스토리 전개가 가능하도록 말씀하시면 되고 영어로 그것을 사전을 보고 준비하셔도 돼요. 학습자가 준비한 키워드 단어는 잊어버리지 않더라고요. 비즈니스영어는 대충 어느 정도 하시는 분도 사적인 모임에서 영어가 안 되잖아요. 듣기 다음이 말하기지요.

키워드 훈련에 대한 불만, 실제 사례입니다. *제가 아이인가요? 틀려도 문장으로 해야지. 정말 아이처럼 어떻게 키워드만 말해요? Katie: 문제는 말씀하시는 영어문장, 발음, accent 의미전달이 안 되어요. 대화란 동시성, key-word가 있어야 스토리 전달이 돼요.*

문장 만들기를 고집하면 문법 신경, 여러 단어 생각, 배열하기 바빠서 발음도 엉망이 되고 결국 학습자의 수치심은 더욱 커지겠지요. 100% 틀리는 것보다는 차라리 의사 전달 우선순위에서 필요한 정보를 전달하는 것이 필요하겠지요. 문장이 되는 과정이 추론이지요.

읽는 것 + 아는 것 = 추론

We are more afraid of snakes
than driving a car on highways. Babies show the pri–
mal aspect of human nature in us.

— Katie —

Chapter 2.

과거시제는 현재와 반대적 뉘앙스

과거: 현재와 반대되는 상황

1. I wish you **understood** this. 당신이 알았으면 좋겠네요.
(현재 못 알아들은 것 같아서, 현재와 반대되는 상황의 뉘앙스인 과거를 사용)

2. A: Did you take the photo? 사진 찍었어?
B: Yes, We don't have to take the photo anymore. 응. 더 안 찍어도 돼. (현재 사실과 반대)

모든 과거는 역사적 사실을 나타내거나 현재와 반대되는 상황을 표현합니다.

현재완료와 단순과거: 해석이 같다

1. I didn't eat breakfast this morning.
   (= the morning is over and I didn't eat)
   오늘 아침에 밥 안 먹었다.

2. I haven't eaten this morning.
   (= It is still the morning and I might eat later)
   오늘 아침에 밥 안 먹었다. (오늘 아침밥 먹은 적이 없다는 것)

우리말은 현재완료와 단순과거의 표현이 같아서 헷갈릴 수 있다는 점을 유의해야 합니다. 현재완료의 표현 "오늘 아침밥 먹은 적이 없다."라고 영어책에는 해석되어있지만 실제로 이렇게 말하는 우리나라 사람은 없죠. 우리는 현재완료와 단순과거를 혼용해서 사용하고 상황에 맞게 머릿속에서 해석합니다. 그러나 영어는 명백하게 구별이 되어 있어요.

현재완료는 다양한 감정을 표현

Situation 1. 현재완료(질문한 사람이 아침을 먹고 있을 때 B가 방문한 상황)

A: Have you had breakfast? 아침 먹었어?

B: No, I haven't had breakfast. 아니, 아침 안 먹었어.

A: Do you want some? 뭐 먹을래?

Situation 2. 단순과거

간호사: Did you have breakfast? 아침 먹었어요?

당신: Yes, I did. 네, 먹었어요.

간호사: What about the blood test? 피검사는 어쩌시고요?

You were supposed to fast until this morning. 아침까지 금식하셔야 되잖아요.

간호사는 사실을 확인하려는 의도가 있죠. 그래서 단순과거를 써서 사실을 나열한 느낌을 주죠. 친구에게 인사하면서 아침을 먹은 사실만을 확인하려는 사람은 없겠죠? 현재완료에서는 '밥을 안 먹었고 배고프면 먹을 수도 있다'와 같은 다소 복잡한 감정을 전달하게 됩니다.

단순과거와 과거진행: 해석은 같다

Q: "난 늘 달렸어."를 영어로 하면 어떤 시제를 사용해야 할까요?

1. I ran all the time.
2. I was running all the time.

A: 우선 글자 그대로 해석하면,

1. I ran all the time as a child. 나는 어릴 적에 늘 달렸다.
2. I was running all the time as a child. 나는 어릴 적에 늘 달렸던 **중이었다.**

단순과거와 과거진행 역시 우리말 표현은 같아요. 그러나 뉘앙스는 다르죠. 영어책에는 "나는 늘 달렸던 중이었다."라고 해석이 되어 있지만 이렇게 말하는 우리나라 사람은 없지요. 이것이 우리가 영어공부를 하면서 많이 틀리는 이유입니다.

과거진행은 그 당시를 강조

Situation 1. 과거진행

A: What were you like as a child? 어렸을 때 어땠어?

B: I couldn't sit still. 가만히 앉아 있지 못했어.

I was running all the time. 늘 달렸지.

Situation 2. 단순과거

A: You look great in that photo. 저 사진 속 너는 좋아 보여.

How old were you? 몇 살이었어?

(현재 나이는 아님)

B: I was 15. 15살이었어.

(현재는 15살이 아님)

I ran all the time back then. 그때는 늘 달렸지.

(현재는 계속 달리지 않는 뉘앙스가 있는 과거 표현)

우리말 표현은 같지만, 과거진행과 단순과거는 뉘앙스가 많이 다릅니다. Situation 1은 구체적인 그 당시를 강조하고 있고 Situation 2는 현재와 반대되는 상황을 나타냅니다.

과거진행: 놀람의 뉘앙스

1. When Katie was in hospital, we **were visiting** her twice a day. 케이티가 병원에 있을 때, 우리는 하루에 **두 번이나** 방문했었어.
   (to talk about something that happened surprisingly often. More verbs, more emotion. / 각 문장의 동사 개수가 많을수록 감정이 고조되는 뉘앙스를 풍김)

2. When Katie was in hospital, we **visited** her twice a day. 케이티가 병원에 있을 때, 우리는 하루에 두 번 방문했어.
   (rather cold; stating the fact. Less verbs in each sentence, more robotic. / 차가운 느낌의 사실 말하기, 동사의 수가 적을수록 감정이 없는 뉘앙스를 풍김)

단순과거는 감정이 없는 무미건조한 느낌을 줘요. 과거진행을 사용해서 기대 이상으로 방문하여 놀랐다는 뉘앙스를 줍니다.

과거진행: 의지의 뉘앙스

1. To lose weight before the interview, I **wasn't eating** any sweets or biscuits for weeks. 인터뷰 전에 살을 빼려고 단 거나 비스킷을 몇 주 내내 먹지 않았다.

   (to talk about something that a speaker feels the strong need.)

2. To lose weight before the interview, I **didn't** eat any sweets or biscuits for weeks. 인터뷰 전에 살을 빼려고 단 거나 비스킷을 몇 주 내내 먹지 못했다.

   (Feel the nuance! / 단순히 먹지 못한 음식을 말하는 뉘앙스)

단순 과거는 단순한 느낌을 줘요. 과거진행은 강한 의지와 필요성의 뉘앙스를 풍깁니다.

과거진행: 격한 감정의 뉘앙스

1. When the interns were here, I **was making** them korean pancakes all the time. 인턴이 여기 있었을 때, 나는 빈대떡을 항상 만들었다.

   (You can feel the difficulties and the emotion behind making them korean pancakes. / 빈대떡을 만드는 과정에서 오는 '고난'을 느낄 수 있는 뉘앙스)

2. When the interns were here, I **made** them korean pancakes all the time. 인턴이 여기 있었을 때, 나는 빈대떡을 항상 만들었다.
   (Addressing a fact: 단순히 빈대떡 만들었던 것을 말하는 뉘앙스)

'빈대떡 만들다 죽을 뻔했어.'라는 격한 감정의 문장이 다음에 오려면 과거진행을 써야겠지요.

과거진행: 사실을 강조하는 뉘앙스

1. When I **was learning** to speak English, I was living with my parents. 영어 회화를 배울 때 부모님과 살고 있었어.
   (I had lessons during this time. / 그 **당시에** 영어 수업을 받았다는 뉘앙스)

2. When I **learned** to speak English, I was living with my parents. 영어 회화를 배울 때 부모님과 살고 있었어.
   (I was able to speak English during this time and even possibly I can to this day. / 그때 당시에 영어를 말할 수 있었고 **오늘까지도** 할 수 있다는 가능성을 내포)

미묘한 시제의 변화는 문장 전체의 의미도 바꿀 수도 있어요. 과거진행은 과거에 수업을 받았다는 사실을 강조하는 뉘앙스가 있어요. 단순과거는 현재 배우지는 않지만, 영어는 할 수 있다는 뉘앙스를 줘요.

과거진행은 조건이 필요

아침에 뭐 했어?

1. What did you do this morning?
   (단순과거)

2. What were you doing this morning?
   (과거진행)

Q: "아침에 뭐 하는 중이었어?" (과거진행) 뭔가 빠진 문장 같지요?
A: 맞아요. 과거진행은 '조건'이 있어야 합니다.

단순 과거: 사실 강조의 뉘앙스

전화했는데, 오늘 아침에 뭐 했어?

1. I called you. What did you do this morning?

2. I called you. What were you doing this morning?

'전화했는데'를 강조하고 싶으면 과거진행을 사용해야 합니다. 두 문장 모두 문법상으로 틀린 것은 없습니다. 하지만 뉘앙스로는 2번 문장을 사용해야 합니다.
'I called you. What were you doing this morning?' or **What were you doing when I called you? 전화했을 때 뭐했어?** 단순과거는 이에 비해 사실인 그 무엇에 뉘앙스가 있어요. 경찰서의 범죄 보고서나 회사의 업무보고서와 같이 사실에 바탕을 둔 것이라는 뉘앙스가 있어요.

완료란 시작이다 1

1. started working. 일을 시작했다.

2. worked. 일했다.

3. I finished writing this chapter.
(동사 두 개)

4. I finished this chapter.
(동사 하나)

방금 이라는 뉘앙스는 1번, 3번. '~ing' / 단순과거에서는 일이 끝난 뉘앙스를 줘요.

직설적, 보고적, 차가운 뉘앙스

'When Katie arrived 케이티가 도착했을 때' 뒤에 이어질 문장

Situation 1.

1–1) We were having dinner. 저녁을 다 먹지 못했어요.

1–2) We had dinner. 저녁을 다 먹었어요.

Situation 2.

2–1) I was talking. 말하는 중이었어요.

2–2) I talked. 말을 마쳤어요.

Situation 3.

3–1) I was teaching. 가르치고 있었어요.

3–2) I taught. 가르쳤어요.

직설적, 보고적, 차가운 뉘앙스는 단순과거가 과거진행에 비해 강하게 표현됩니다. 동사의 수가 많아지면 감정이 풍부해져요.

완료란 시작이다 2

Situation 1.

1–1) When Katie arrived, we **were having** dinner.

케이티가 도착 **전**에 저녁을 먹기 시작했다.

1–2) When Katie arrived, we **had** dinner.

케이티가 도착**하고 나서** 저녁을 먹기 시작했다.

Situation 2.

2–1) When Katie arrived, I was talking.

케이티가 도착 전에 말하기 시작했다.

2–2) When Katie arrived, I talked.

케이티가 도착하고 나서 말을 시작했다.

Situation 3.

3–1) When Katie arrived, I was teaching.

케이티가 도착하기 전에 가르치기 시작했다.

3–2) When Katie arrived, I taught

케이티가 도착하고 나서 가르치기 시작했다.

If I were born as a bunny,
I would have been the
prettiest in the whole world.

— Katie —

과거진행 vs 현재진행

:: 공손한 표현 vs 확실한 자기 의견

1. I **was thinking of** going down to Seoul next weekend, but it depends how much time I've got. 생각 중이었어.
   (Less definite: It might not happen)

2. I **am thinking of** going down to Seoul next weekend, but it depends how much time I've got. 생각 중이야.
   (More definite: Sounds more serious about going to Seoul)

과거진행으로 표현하면 보다 공손하며 확실하지 않은 뉘앙스를 나타내고요, 현재진행으로 표현하면 보다 가능성이 크고 확실한 자기 의견이 있는 뉘앙스가 됩니다.

과거진행: 공손한 뉘앙스

1. We **were** wondering about inviting Katie over tomorrow.
   내일 케이티를 초대해도 될까요?
   (Less Definite: Asking for permission)

2. We **are** wondering about inviting Katie over tomorrow.
   내일 케이티를 초대해도 되나?
   (More definite: Probably)

'~해도 될까요?'는 공손한 뉘앙스이고, 영어로는 과거진행을 사용합니다.

과거진행: 정중한 요청

1. I **was thinking** of going to Seoul. 서울에 가려고 생각 중이었어.
   (Polite request)

2. I **am thinking** of going to Seoul. 서울에 가려고 해.
   (2번 다음에 올 수 있는 상황: Do you want to come along?
   같이 갈래?)

과거진행은 정중하게 허락을 요청할 때도 쓰입니다.

과거진행: 반대적 뉘앙스

1. I **was intending** to be a peacemaker between you two.
   내가 여러분들 사이에 중재자 되기를 바랐어요.
   (Less likely: I don't want to be a peacemaker between you two after seeing what you have done.)

2. I **am intending** to be a peacemaker between you two.
   내가 여러분들 사이에 중재자가 되기를 바라요.
   (More likely: I realize that you two need a peace maker. / 둘 사이에 중재자가 필요하다는 뉘앙스)

과거진행에서는 둘 사이를 보니 그것이 좋은 생각이 아니라는 뉘앙스를 풍깁니다.

과거진행: 여러 가지 마음의 뉘앙스

1. I **was planning t**o buy a new iPad. 새 아이패드를 사려고 했어.
   (I have decided to buy Samsung galaxy. 삼성 갤럭시로 결정했어.)

2. I **am planning** to buy a new iPad. 새 아이패드 사려고 해.
   (Where is the nearest store? 근처 가까운 가게가 어디지?)

과거진행은 결정한 것이나 마음을 바꾸는 것을 표현하기도 합니다.

허락받기 = 가능성 문의

'아마도'

1. probably
   가능성 80% = 현재진행 뉘앙스

2. maybe
   가능성 50% = 과거진행 뉘앙스 (공손함)

허락을 받는다는 것은 공손하게 가능성을 묻는 것과 같습니다. 그래서 가능성이 낮은 표현을 사용합니다.

과거진행: 감정의 고조

1. I was expecting to see you. 당신을 뵙는 것을 기대했어요.
   다음에 아래의 문장이 온다면
   1-1) I am sorry that I didn't see you. 못 보아서 유감스럽네요. (O)
   1-2) I am so glad to see you. 보니깐 매우 좋다. (O)

2. I am expecting to see you. 보는 것을 기대해요.
   다음에 아래의 문장이 온다면
   2-1) I am sorry that I didn't see you. 못 보아서 유감스럽네요. (X)
   2-2) I am so glad to see you. 보니깐 매우 좋다. (X)

과거진행은 감정(후회, 기쁨 등)을 고조시킵니다. 문법적으로는 맞아도 뉘앙스는 많이 달라져요.
I am expecting to see you. (전화상으로 대화 중)
I can't believe this is happening. (O)

과거진행: 부탁하는 뉘앙스

1. I was hoping that you would do that for me. 당신이 나를 위해서 해주기를 바라요/바랐어요.

   (Polite: Please do that for me. / 부탁하는 뉘앙스)

2. I am hoping that you would do that for me. 당신이 나를 위해서 해주기를 바라요.

   (Little less polite: You should do that for me, please. / 약간 강한 뉘앙스)

Would와 Should는 모두 will, shall의 과거형이지만 과거, 현재 그리고 미래시제에서 각기 다른 뉘앙스로 표현됩니다. 여기서는 미래적 뉘앙스가 있지요. 과거진행은 더욱 공손한 뉘앙스가 있어요.

과거진행을 이해하기 위해서 현재진행 뉘앙스도 같이 보았어요.

우리말 *바라다, 바랍니다, 바랐는데요.*
영어에서는

I hope, I am hoping, I was hoping

시제와 동사 개수도 늘어나요.

was 'be 동사' 하나 + hoping '일반 동사' 하나 = 동사 두 개

hope는 '*바라다*'라고 영어사전에 쓰여 있지만, 실생활 영어에서는 상황에 따라 뉘앙스가 다르게 해석됩니다. 문법에 맞는 영어라고 해도 뉘앙스가 맞지 않으면 어색한 영어가 되어서 콩글리시가 돼요.

동사의 수: 다양한 감정 표현

1. You said that there were only 50 cookies in the boxes. I **was** just **wondering** whether you counted them all? 상자에 50개 쿠키가 있다고 **말했지요?** 다 세었는지 궁금해서 그래요.

   (the most polite)

2. You said that there were only 50 cookies in the boxes. **I'm** just **wondering** whether you counted them all? 상자에 50개 쿠키가 있다고 **말했지요?** 다 세었는지 궁금해요.

   (the second most polite)

3. You said that there were only 50 cookies in the boxes. I just **wonder** whether you counted them all? 상자에 50개 쿠키가 있다고 **말했지?** 다 세었는지 의심이 가네.

   (the least polite)

'말했지요/말했지'와 같이 우리말 해석이 바뀌는 이유는 문장의 시제 때문입니다. 영어 문장을 다시 보세요. 동사를 제외하고는 세 문장이 모두 같습니다.

동사의 수: 간접적인 표현

1. People in Yongin **have been told** (현재완료 수동) that they **should stay (과거지만 미래 뉘앙스의 should)** indoors. 용인사람들은 외출하지 말고 안에 있으라고 지시받았어.

2. **Stay (단순현재)** indoors! 안에 있어!

3. Everyone **was asked (과거 수동)** to **bring** some food to the party. 모든 사람들은 파티에 음식을 가져오라고 요청받았다.

4. **Bring** some food! 음식 가져와!

2, 4번 뉘앙스는 단순하고 직설적이지요. 1, 3번 뉘앙스는 복잡하고 직설적이지 않아요. 동사의 수가 많아지면 더 간접적인 표현이 돼요.

동사의 수: 감정의 뉘앙스

Situation 1.

I wasn't popular after years of teaching at Samsung. 나는 삼성에서 오래 가르친 후에는 인기 강사가 아니었다.

1. I might have been blacklisted since then. 그때 이후로 블랙리스트가 되었을 수도 있다.

   (동사 개수가 4개나 됨)

2. I was blacklisted.

   (동사 개수 두 개)

동사의 개수가 늘어날수록 **직설적이 아닌** 감정적인 뉘앙스를 표현할 수 있습니다.

전치사와 뉘앙스

1. I sold him the car.

2. I sold the car to him.

3. I sold the car for him.

1, 2번은 "그 남자가 내 차를 샀어요."라는 의미로 해석되고, 3번은 "그 남자를 위해 그 차를 내가 팔아주었어요."로 해석돼요. 문법책에는 잘 설명이 되어있지 않지만, 전치사로도 영어의 뉘앙스는 바뀌지요.

우리가 대화할 때는 상대방이 알 것이라고 생각해서

시제, 부사, 전치사, 접속사 등을 생략합니다.

그래서 영어는 상황을 고려해서 추론을 할 수 있어야 합니다.

모든 사람들이 실제 대화에서

'구체적 표현'을 100% 사용할까요?

아니죠.

그래서 눈치껏(to get wind of something)이 아주 중요해요.

예문

A: 복숭아 알레르기 있어.

B: 케이크 먹지 마.

(추론: 케이크에 복숭아 들어있음)

대화에서는 **확실한 것과 불확실한 것 사이**에서
확신이 강해지거나 약해집니다.
이것을 시제로 표현해 놓으면
그것이 뉘앙스가 됩니다.

B–1. 케이크 먹지 않는 것이 좋을 것 같아요.

B–2. 케이크 먹지 마!

(확신이 강한 표현 B–2)

공손한 표현과 불 공손한 표현은
격한 감정의 뉘앙스를 만들어 냅니다.

다양한 동사 시제의 뉘앙스

I was wondering~

I wondered~

I wonder~

I can wonder~

I am wondering~

I have wondered~

I have been wondering~

I had wondered~

I am going to wonder~

그리고 더

I will wonder~

I would wonder~

I should wonder~

I may wonder~

I might wonder~

I could wonder~

I have to wonder~

I might have to wonder~

I must wonder~

그리고 더 있어요!

I may have wondered~

I will be wondering~

...

동사의 수: 회상

1. I was (단순 사실 과거) a pianist. 나는 피아니스트였다.

2. I used to play (감정이 들어가기 시작) the piano. 나는 피아노를 연주하곤 했지.

3. I have not played the piano for three years. 나는 피아노를 안 친 지 3년 됐어.

4. I used to teach English at Samsung. 나는 삼성에서 영어를 가르치곤 했어.

5. I taught English at Samsung. 나는 삼성에서 영어를 가르쳤다.

6. I was a teacher at Samsung. 나는 삼성에서 강사였다.

동사의 수에 따라 감정이 깊어질 수 있다고 했죠? 2번, 4번 문장은 회상의 느낌이 강합니다.

현재 수동과 과거 수동: 뉘앙스

1. Might have been blacklisted.
(블랙리스트가 될 수도 있고 안 될 수도 있고 확률은 50%!)

2. She was blacklisted. 그녀는 블랙리스트가 **되었어.**
(블랙리스트가 됨)

3. She is not blacklisted now. 그녀는 지금 블랙리스트가 되지 않았다.

4. She is blacklisted. 그녀는 블랙리스트가 **되었어.**

우리말 과거 수동, 현재 수동은 표현이 같아요. 영어는 시제에 따라 뉘앙스가 달라져요.

현재 수동은 현재완료의 뉘앙스

Situation 1. 과거 수동

1. My baby was born.
2. The office was cleaned.
3. He was driven.
4. He was fed.

Situation 2. 현재 수동: '태어났어, 청소됐어, 욕망에 찼지, 먹였어'

1. My baby is born. 내 아기가 태어났어.
   (뒤에 'just now 방금'을 사용하면 보다 현재완료적인 느낌)
2. The office is cleaned. 사무실이 청소됐어.
3. He's driven. 그는 욕망에 찼지. (He's = He is)
4. He's fed. 그는 밥을 먹였어.

현재 수동은 현재완료의 느낌을 줍니다. Congratulation! (축하해!) 다음에 나오는 문장은 현재완료 뉘앙스인 현재 수동이 대부분이죠. 'My baby was born.'이라고 표현하면 과거완료 뉘앙스가 나와요. 그래서 현재 사실과 반대되는 뉘앙스가 있어요. 즉, 그 아이가 현재 없다는 느낌이에요.

현재의 긴장감을 주는 과거 수동

Situation 1.

1. My baby was born in 1977. 내 아이가 1977년에 태어났다.
2. She is in her late 30s. 그녀는 30대 후반이다.

Situation 2.

1. My baby is born (just now). 내 아이가 (방금) 태어났다.
2. I am so happy. 너무 행복해.

우리말에서는 수동과 능동을 구별하는 표현이 있지만, 우리가 평소에 잘 사용하지 않습니다. 우리는 그것을 어떻게 구별할까요? 우리는 상황에 맞추어 머릿속에서 판단을 합니다. 그러나 영어는 뚜렷하게 구분해서 사용을 합니다. 현재 수동은 현재의 상태가 이미 설명되었지요. 그러나 과거 수동은 현재에 대한 궁금증이 커집니다. 따라서 현재의 긴장감이 높아지는 느낌이 들어요.

현재 수동은 과거에 함께할 수 없다

1. My baby is born. I have got a kid.
(최근에 아기가 생긴 뉘앙스인 현재완료, 현재 수동)

2. My baby was born. I have a kid.
(사실을 보고하는 뉘앙스)

3. My baby was born. I had a kid.
(과거 사실을 보고하는 뉘앙스, 현재 아이가 없는 것 추론 가능)

'My baby is born. 내 아이 태어났어.' 다음에 'I had a kid. 애가 있다.'라고 하면 우리말은 가능하지만, 영어에서는 안 돼요. 억지로 해석을 하자면 첫째 아이는 죽었고 둘째 아이가 방금 태어났어. 이런 의미가 됩니다.

be 동사도 조동사

나는 굶주리다.

1. I starve. (X)
   굶주리다

2. I am starved. (O)

우리말에는 '배고프다'라는 동사가 있지만, 영어에는 '배고프다'라는 동사가 없습니다. 형용사 '배고픈'만 있습니다. '배고픈'은 말 그대로 '배가 고픈' 상태입니다. 이렇게 이야기하면 학습자들은 "starve는 동사가 아닌가요?" 하고 물어봅니다.

'I starve. 나는 굶주리다.'라고 사용하시나요? 'I am starved.'가 맞는 표현입니다.

우리말로는 맞는 것 같은 '영어'가 실제로는 '굶주리다 + 이다 = 나는 굶주리다 이다'가 됩니다. 그래서 be 동사도 조동사 역할(중요한 보조 역할)을 하게 되고, starve는 be 동사와 만나 'am starved 배고프다'라는 수동이 됩니다.

다시 말해 be 동사는 '보조' 역할을 합니다. 사실, '없어서는 안 되는' 중요한 보조입니다.

현재완료: 감정1

현재 수동의 현재완료 뉘앙스 느끼세요.

1. I am hungry. 배고파.
   (미래적)

2. I am starved. 배고파 죽겠다.
   (현재 배고픈 것은 과거부터 시작, 배고픈 상태 '나'를 강조)

3. I have been hungry. 배고파.
   (배고픔을 곧 해결할 행동자세)

"Let's go out for chicken."은 위 세 문장 다음에 올 수 있습니다.

뉘앙스 상으로 2, 3번은 동사가 두 개라서 '감정'이 들어있습니다.

현재완료: 감정2

1. The office is clean.
   (사실을 보고하는 뉘앙스)

2. The office has been cleaned.
   (마침내 청소가 완료되었다는 뉘앙스)

"Let's do something."이라는 문장이 1, 2번 다음에 올 수 있습니다.

"기다리다 죽는 줄 알았어."와 같이 '초조함'이라는 인간의 감정이 들어간 뉘앙스는 2번 현재완료입니다.

There is an expression called,
"I am bored to death."
The fact that I am bored,
that means I am alive,
not dead yet.
Should I be thankful that
I am bored?

— Katie —

Would의 미래적 표현

1. If I were a housewife, I would raise kids better than you.
   내가 주부라면, 너보다 애들을 더 잘 키울 거야.

상대방의 아이가 공손하지 않거나 문제가 있다고 생각해서 가정법 과거를 사용해서 비꼬는 표현을 쓰고 있습니다.

Would의 과거적 표현

1. You know, I used to play the piano.
   (used to (조동사): 뜻이 구체적이지 않음)

2. I would play the piano whenever my uncle visited me.
   (would (조동사): 뜻이 분명하지 않아, 분명한 일반 동사와 같이 사용, 혼자서는 뜻이 없어서 whenever와 같이 사용되어 구체적인 '상황'을 표현)

가정하는 것은 예를 들어 설명한다는 것과 같습니다. 그런데 그 예문은 '조건'이 있어야만 가정과 어울릴 수 있습니다. '~할 때마다'도 가정을 하는 뉘앙스가 있습니다. 가정에서 사용되는 상황은 구체적이지만, 표현 그 자체는 '애매'하게 하려는 의도가 있습니다. 부드럽게 하려는 것이지요.

예시)

1. I played the piano. 피아노를 쳤다.
   (100% 확실한 뉘앙스)
2. I would play the piano. 피아노를 치곤 했지/피아노 칠 수 있는데.
   (과거 혹은 미래 뉘앙스)
3. I used to play the piano.
   (과거이지만 구체적인 상황이 필요, growing up 같은 조건 필요)

가정법 vs 현실적

1. Katie brags as if she knew everything. 케이티는 마치 모든 것을 아는 것처럼 떠든다.

   ('아는 것도 없는 게 떠든다!'라는 비꼬는 식의 뉘앙스는 'if + knew' 때문에 강해짐)

2. She doesn't know anything. 그녀는 아는 게 아무것도 없어.

부정문에서는 '현재는 이렇지 않다'라는 감정을 현재시제를 사용해서 직설적으로 강하게 표현합니다. 가정법에서는 과거시제를 사용함으로써 부드러운 표현이 됩니다.

가정법의 가능성

1. If I am a housewife, 주부라면,

(현재 주부가 아니라는 뉘앙스지만 주부가 될 '가능성'이 있음)

2. If I was a housewife, 주부라면,

(현재 주부가 아니라는 뉘앙스이면서 주부가 될 '가능성'이 낮음)

많은 학습자들이 가정법 과거를 '주부였다면'으로 해석하는데요. 안 됩니다. 과거완료일 경우에는 맞지요. 가정법 과거에서는 '주부라면' 이라고 해석을 해야 합니다. 그러나 뉘앙스는 현재와 과거가 많이 달라요. 가정법 과거는 실현 가능성이 없어요.

예시)

If I had been a housewife, 주부였다면

가능성의 표현 vs 비꼬는 표현

1. If Katie is a Miss Korea, 케이티가 미스 코리아라면,
   (현실적으로 케이티가 미스코리아가 될 '가능성' 있음)

2. If Katie were a Miss Korea, 케이티가 미스 코리아라면,
   (현실적으로 케이티가 미스코리아가 '될 수 없는' 것을 강조하는 뉘앙스가 과거 'were'에 있음)

'케이티가 미스코리아라면 말이 되네.'라는 문장은 현재시제로 된 if 절을 사용한 1번처럼 씁니다.

'케이티가 미스코리아라면 장을 지진다.'라고 표현하려면 당연히 가정법 '과거'를 사용합니다. 따라서 2번 예시는 비꼬려는 의도가 있어 보입니다.

영어는 시제만으로

'과장, 허풍, 상상, 비꼼'의 뉘앙스인지 알 수 있고

다음에 나오는 말을 예상할 수 있습니다.

정리하자면,

1. 현재+가정 = 가능성, 현실성
2. 과거+가정 = 비꼼, 상상, 비현실성

이지요.

가정법과 수동을 설명할 때 많은 학습자들이

'공식'을 생각하느라고

'시제의 중요성'을 잊어버립니다.

'공식'이 중요한 것이 아니라 '현재'시제는 현실성,

'과거'시제는 감정이 중요한 것이지요.

**즉, 역사적 사실 아니면 현재와 반대된다는 것과,
동사의 개수에 따른 뉘앙스의 차이를
알아야 한다는 거지요.**

가정법: 감정 호소

1. If I were hungry, I could eat a horse. 저는 배고프면 말 한 마리를 먹을 수 있어요.

2. I was hungry. I wanted to eat a horse. 나는 배고팠다. 나는 말 한 마리를 먹고 싶었다.

두 문장 모두 말하는 사람이 말을 안 먹은 것이 확실합니다. 그저 얼마나 배고팠는지를 감정에 호소하듯 표현한 것입니다. 가정법을 사용하면 직설적이지 않고 더 부드럽게 표현할 수 있습니다.

If가 없을 때의 뉘앙스

1. I wanted to eat it. 먹고 싶었어.
(먹지 않은 과거를 후회)

2. I didn't eat it. 먹지 못했어.
(감정표현보다 사실을 보고하는 뉘앙스)

If가 있을 때의 뉘앙스

배고프면

1. If I am hungry,

2. If I was hungry,

1-1) If I am hungry, I can eat a horse. 나는 배고프면 말 한 마리를 먹을 수 있어.
(현실적으로 말 한 마리를 먹을 수 있다는 뉘앙스)

2-1) If I were hungry, I could eat a horse. 나는 배고프면 말 한 마리를 먹을 수 있어요.
('상상' 혹은 '과장', 현실성이 '떨어지는' 과거 could를 사용해서 말을 먹지는 못하지만 배고프면 엄청나게 많이 먹을 수 있다는 것을 의미)

'내가 네가 되는 것'을 영문으로 쓴다면,

If I was/were you가 됩니다.

문법은 was가 맞지만
'격식'있는 표현으로는 were를 자주 사용합니다.

격식이란
전통적인 뉘앙스를 표현하는 것이지,
공손함을 표현하는 것은 아닙니다.

다만, 과거 시제이기 때문에 공손한 뉘앙스를 풍기는 것입니다.

이것이 미국, 영국 영어의 공통점입니다.

'만일 내가 너라면'을 영작할 때

시제를 '현재'로 생각해서
'if I am you'라고 쓴다면 '현실성'은 높아집니다.

즉, '내가 정말로 네가 될 수 있다'는 가능성이 있다는 것을 말합니다.
그래서 이 문장은 뒤에 따라 나오는 문장에 영향을 줍니다.

반대로, '만일 내가 너라면'을 영작할 때

were 쓴다면(If I were you) 현재 아니라는 것을
추론할 수 있습니다.

이것은 현실성이 떨어지는 표현입니다.

과거로 미래를 표현할 때 1

1. Q: should는 shall의 과거인데 왜, '해야 한다'라는 미래로 해석될까요?
   A: 현재 해야 했던 것을 하지 않아서입니다.

2. Q: could는 can의 과거인데 왜 'Could you help me? 도와줄래요?'처럼 미래로 해석될까요?
   A: 도와주지 않을 수 있는 현재와 반대적인 뉘앙스를 사용해서 질문하면 공손하게 들립니다. 직설적이지 않은 표현이지요.

3. Q: would는 will의 과거인데 왜, 'would raise 키울 거야' 미래적으로 해석될까요?
   A: 현실 가능성이 적다는 뉘앙스를 과거형으로 표현했어요.

현재 하지 않았거나 현재와 반대되는 또는 현실 가능성을 부인하는 뉘앙스로 과거형의 조동사를 사용해서 미래를 표현할 수 있어요.

과거로 미래를 표현할 때 2

1. could eat. 먹을 수 있다/먹을 수 있었다.
2. eat. 먹다.
3. can eat. 먹을 수 있다.

예시)

If I were hungry, I could eat a horse.
저는 배고프면 말 한 마리도 먹을 수 있어요.

과거 could와 현재 can의 우리말 해석은 같지만, 과거로 표현된 미래는 실현 가능성이 별로 없어요.

과거로 미래를 표현할 때 3

뜻을 생각해 봅시다.

1. If I **were** you 만일 내가 너라면
2. **Wouldn't** it be better to go tomorrow? 내일 가는 게 더 좋지 않을까?
   (will의 과거인 would)
3. I **might** do that. 나 그것 할 수 있어.
4. You **should** do that. 너 그거 해야 해.

1. 내가 상대방이 될 수는 없겠죠.
2. 내일 가는 게 확실하지 않아요.
3. 할 수 있다는 확률이 반반이에요.
4. 해야 하는 것은 내 의견을 상대방에게 전달하는 것이지 상대방이 확실히 하는 것이 아니죠. 미래를 누가 알겠어요. 이루어질 가능성이 크지 않을 때 미래를 과거 시제로 표현하고 있어요.

Q

100명이 넘는 아이들을 성추행해서 범죄 조사를 받았던 Oliver O'Grady 신부님이 세 가지 문장 중 사용한 표현은?

1. I think I tried to touch her. 제 생각에 저는 그녀를 만지려고 했어요.

2. I tried to touch her. 저는 그녀를 만지려고 했어요.

3. I touched her. 그녀를 만졌어.

A

1. I think I tried to touch her. 제 생각에 저는 그녀를 만지려고 했어요.

성추행하지 않았다는 가능성을 내포하며 말을 했습니다.

'Fathers', Catholic Church:

주의: 천주교에서는 신부님을 영어로 'father'이라고 합니다.

Pedophile =
pedo(child) + phile(fondness)

'Love' is an interesting word.
I love you,
We love you.

"I love a child."

"I love children."

"I love me."

I am just glad that
my father had never said
'I love you' growing up after
discovering this documentary.

— Katie —

'신부님들', 천주교:

Pedophile =
pedo(아이) + phile(좋아함)

'사랑'은 흥미 있는 단어이다.
나는 너를 사랑해.
우리는 당신을 사랑해.

"나는 아이를 사랑해."

"나는 애들을 사랑해."

"나는 나를 사랑해."

이 다큐멘터리를 발견한 이후
제 아버지가 어렸을 때
'사랑해'라는 말을
한 번도 한 적 없다는 것이 기뻐요.

— 케이티 —

Can you date a guy who says,
"Why does an apple
fall off a tree?"

— Katie —

Chapter 3.

현재시제는 미래적 뉘앙스

단순 현재 과거

:: 물건 설명서, 직장 보고서, 인사과 교과서 등에 자주 사용되는 단순 현재/과거

1. Read a report,
   feel the nuance of robotic and
   stating tone in simple past.

2. Read a manual, and feel the nuance
   of present simple.

예시)

[사용방법]
조립하고 올립니다. 그리고 콩을 채웁니다.
밑면에 놓습니다. 규칙적으로 갈아 주세요.

사실 위 예시와 같은 단순 시제들은 설명서, HR 교과서, 부품설명서, 사용방법 등에서 자주 나옵니다. 솔직히 지루하죠. 앵커들이 진행하는 TV 뉴스도 조동사가 없지는 않지만 시제가 단순합니다. 사실을 바탕으로 보도하기 때문이지요. 그러나 무한도전 같은 프로그램을 보시면 다양한 감정을 표현하기 위해서 조동사가 다양하게 쓰이고 있어요.

특정 상황에서 쓰는 말

1. The sun rises tomorrow.
2. The sun is going to rise tomorrow.

2번(현재진행을 사용)번은 특정한 상황에서 하는 말이 됩니다. 예를 들어 평소에 해가 뜨지 않는 곳에 사는 사람들이 할 수 있는 말입니다.

"동쪽에서 해가 뜬다."는 표현은 사실입니다. 물론, 내일도 해는 동쪽에서 뜰 것입니다. 우리는 '내일도'라는 부사를 쓰지 않아도 "동쪽에서 해가 뜬다."는 말이 무슨 뜻인지 압니다. '내일'이 생략되었다는 것을 알아서 그렇습니다.

우리말은 동사가 문장의 끝에 오는데 영어는 주어 다음에 바로 나옵니다. 도시에 살다가 해가 뜨는 것이 잘 보이는 동해로 이사를 간 사람은 진행형 문장을 사용할 수 있습니다. 미묘한 상황의 변화를 시제로 표현하는 것이 영어의 중요한 묘미입니다.

예시)

The sun is rising here every day.
여기는 해가 매일 떠.

춤추고 있어?

Situation 1. 직업

A: Do you dance?

B: I do it for a living.

Situation 2. 현재 추고 있는 것

A: Are you dancing?

B: Yes, I am on the floor right now.

Situation 3.

A: Are you dancing? 춤추고 있어?

('춤추는 중이야?'라고 해석하면 어색)

B: Of course, I am dancing. 물론 추고 있지.

I am a dancer. 나 댄서거든.

What do you think I do for a living? 내 직업이 무엇인지 알고 있어?

'춤추고 있어?'는 우리말로는 과거처럼 들리지만, 영어로는 단순현재 나 현재 진행 '~있어?'를 사용합니다.

'Do you dance?'는 직업, 취미 물어보는 뉘앙스가 됩니다.

현재진행: 구체적인 상황

1. Please be quiet. 조용히 해요.
   I am working. 나 일해.

2. Please be quiet. 조용히 해요.
   I work. 나 일해.

(각각의 문장이 틀린 것은 없지만 뉘앙스가 다름)

Situation 1. 단순현재: 습관, 규칙적

I have a job. 나 직장 있어.

Do you have one? 넌, 있냐?

So, please be quiet. 조용히 해요.

I work unlike you. 너랑은 다르게 나 일해.

Situation 2. 현재진행: 구체적 상황

Please be quiet. 조용히 해요.

I am working. 나 일해.

I have to finish this project sooner rather than later. 내가 생각했던 것보다 이 프로젝트를 빨리 끝내야 해.

상황의 이해 1

1. What are you doing on a Saturday night? 토요일에 뭐해?

2. What do you do on a Saturday night? 토요일에 뭐해?

두 문장 다 문법적으로 틀린 것은 없습니다. 그러나 상황에 따라 다르게 써야 하죠.

상황의 이해 2

Situation 1. Present Simple

I want to hang out with you. 너랑 같이 놀고 싶어.

What do you do on a Saturday night? 토요일에 뭐해?

(평소/매주 토요일에 하는 것)

Situation 2. Present Continuous

A: What are you doing on a Saturday night? 토요일에 뭐해?

(토요일인데 집에 있는 거야? 하는 뉘앙스)

B: I am going out. 나 외출해.

단순현재의 규칙적 뉘앙스

1. A: What are you doing? 뭐해?

   B: I am eating. 밥 먹어.

2. A: What do you do? 뭐해?

   B: I teach English. 영어 가르쳐.

   (내일도 가르친다는 것을 내포)

현재진행은 지금 일어나는 일을 표현하지만, 2번 단순현재에는 늘 규칙적으로 하고 있는 것의 뉘앙스가 있어요.

진행형: '구체적'인 상황

A: Do you still run? 지금도 달려?

B: No, but I dance. 아니, 대신 춤춰.

I am a dancer 나는 댄서야.

What do you do? 넌 뭐해?

A: I write. 글을 써.

(매일 글을 쓴다는 뉘앙스)

I wrote 'Unconscious English.' '무의식 영어'를 썼어.

(현재는 다른 책을 쓰고 있다는 뉘앙스)

B: What are you **working** on now? 지금은 뭐해?

('요즘' 쓰는 책은 무엇인지 물어보는 뉘앙스, 구체적인 것은 '진행형'으로!)

A: It's too early to say. 아직 말하기에는 일러.

진행형은 해석할 때 현재, 과거, 미래 모두 '구체적'인 상황에 사용됩니다.

단순현재와 현재진행 비교 1

Situation 1. 현재진행

A: Are you writing? 글 쓰고 있어?

(쓰고 있는 모습을 보거나 쓰는 것을 알고 있는 뉘앙스)

B: Yes, I am (writing). 네, 맞아요.

Situation 2. 단순현재

A: Do you write? 글 써?

(글 쓰는 것이 취미이거나 직업이 작가인 뉘앙스)

B: Yes, I do (write). 네, 맞아요.

단순현재와 현재진행 비교 2

Situation 1. 지금 꺼야하는 상황

1. The soup is boiling. Can you turn it off? (O)
2. The soup boils. Can you turn it off? (X)

Situation 2. 지금 듣고 있는 상황

1. Listen to those people over there. What language are they speaking? (O)
2. Listen to those people over there. What language do they speak? (X)

Situation 3. 지금 외출하는 상황

1. Let's go out. It isn't snowing now. (O)
2. Let's go out. It doesn't snow now. (X)

Situation 4. 밥상 앞에서 상대방이 계속 말해서 그 말하는 도중에 '끼어들어서'

1. I'm getting hungry. Let's eat. (O)
2. I'm hungry. Let's eat. (X)

Situation 5. 지금 무엇을 하는지 알고 싶은 상황

1. I'm busy. What are you doing? (O)
2. I'm busy. What do you do? (X)

Situation 6. 현재 상황이 '조건 until' 때문에 강조

1. I'm living with my uncle until I find a place of my own. (O)
2. I live with my uncle until I find a place of my own. (X)

have vs have got

Situation 1. 단순현재 뉘앙스

I have a kid. He's 2 years old. He was born in 2014. 애가 하나 있다. 2살이다. 2014년도에 태어났다.

(경찰서에서 사실 보고하는 것 같은 뉘앙스)

Situation 2. 현재완료 뉘앙스

I have got a kid since 2014. 2014년 이후 애가 하나 있다.

(부드러운 뉘앙스)

현재완료: 과거, 현재, 미래가 연결되는 느낌

1. I haven't seen Katie for five minutes. 케이티를 5분 동안 못 봤어.

   (1번과 2번의 문장 흐름을 느껴보자)

2. If you see Katie within five minutes, (You will) tell her to come to my office. 케이티를 5분 안에 보게 된다면, 내 사무실로 오라고 해요.

현재완료는 흥미 있는 구조입니다. 현재와 과거가 연결되는 느낌이에요. 하지만 현재완료도 '미래적' 뉘앙스가 있다는 것을 알아두세요!

현재완료: 미래 가능성의 뉘앙스

1. 단순과거

I didn't see it there. (그 사실만 말하는 뉘앙스)

2. 현재완료

I haven't seen it there. (찾을 수 있는 가능성도 포함)

Situation 1.

A: I think (현재) I left (과거) the cat food at your house. 내가 네 집에 고양이 밥을 남긴 것 같아.

Have you seen it? 봤어? (방금 그 집을 떠난 것으로 추론 가능)

B: No, but I'll look later. 아니, 나중에 찾아볼게.

If I find it, I will call you. 찾으면 전화할게.

1번 "그것을 거기에서 못 봤다."는 단순과거로 표현합니다. 2번 "아직 못 보았다."는 뉘앙스는 현재완료로 사용합니다. 미래적으로 '찾을 수 있는' 가능성도 현재완료로 표현하지요. 즉, 단순과거는 현재완료보다 '차갑다'고 느낄 수 있어요. Situation 1. A에서 '봤어?'를 "Did you see it?"이라고 표현하면 방금 그 집을 떠난 것이 아니라 '더 오래전에' 떠났다는 뉘앙스 표현이 가능하게 됩니다.

단순현재 vs 단순과거 vs 현재완료

1. 단순현재

I find it. 찾아.

(그것을 매번 찾는다는 뉘앙스)

2. 단순과거

I found it. 찾았다.

(단순과거의 사실로 오래전에 발견한 뉘앙스 혹은 현재와 반대되는 상황)

3. 현재완료

I have found it. 찾았어.

(현재완료의 '방금' 뉘앙스, 과거분사라는 과거 표현 때문에 '현재와 반대'되는 상황 표현 가능)

단순현재: 반복되는 뉘앙스

Situation 1. Present Simple

I don't know why I lose my key all the time. I find it at home.

내가 왜 항상 키를 잊어버리는지 모르겠다. 나는 (매번) 키를 집에서 찾아.

Situation 2. Past Simple

I lost my key and I found it at home. 키를 잃어버렸는데 집에서 찾았어.

(오래전 키를 한 번 잃어버린 적이 있다는 뉘앙스)

Situation 3. Present Perfect

I have found my key (very recently). (최근에) 키 찾았어.

(최근에 라는 표현이 없어도 현재완료라서 '최근'의 뉘앙스가 있음)

단순현재는 매번이라는 단어가 없어도 매번이라는 뉘앙스를 풍긴다.

북미 영어 현재완료

:: 단순과거를 현재완료처럼 사용하는 이유

1.

1–1) I lost my cats. Did you see them? (lately 생략)

1–2) I've lost my cats. Have you seen them?

2. Katie isn't here. She (already) went out./She's gone out.

부사가 현재완료 뉘앙스를 주거나 그 부사가 '생략'되어서 단순과거를 현재완료처럼 사용하는 것이 가능합니다.

괄호를 보세요. 학습자를 위해서 일부러 괄호(부사)를 사용했습니다. 부사를 생략해도 단순과거로 북미영어에서는 현재완료처럼 사용할 수 있어요.

영국 영어 현재완료

:: 단순과거를 현재 완료처럼 사용하지 않는 이유

1. I've lost my cats. Have you seen them?

2. Katie isn't here. She's gone out.

영국영어에서는 단순과거를 현재완료인 것처럼 사용하지 않아요. 북미영어에서는 부사를 생략해서 말하는 것이 익숙하지만 정확한 영어를 구사하는 영국인들은 부사를 생략하는 것을 싫어합니다. 그 부사 뉘앙스를 시제로 정확히 표현하거나 부사와 함께 사용합니다. 학습자들은 부사가 생략되어 단순과거가 현재완료인 것처럼 사용되는 문장을 문맥을 통해 이해해야 하지만 가능하면 부사를 생략하지 말고 정확한 영어를 구사하는 것이 더 좋습니다.

예시)

Have you seen them lately? or She's already gone out.

현실적인 가정

:: 단순현재와 if 문장을 같이 사용

1. If I am a housewife, 주부라면,

(현재 주부가 아니라는 뉘앙스지만, 주부가 될 '가능성'이 있음)

2. If I was/were a housewife, 주부라면,

(현재 주부가 아니라는 뉘앙스이면서 주부가 될 '가능성'이 낮은 상상의 표현, 상황에 따라 비꼬는 의도 가능)

현실성 있는 현재

Situation 1. Present Simple

If I am a housewife, I will raise kids better than you.

내가 주부라면, 너보다 애들을 더 잘 키울 거야.

(의지가 있는 '생각' will을 사용해 본인이 주부 될 가능성을 부각)

Situation 2. Past Simple

If I were a housewife, I would raise kids better than you.

내가 주부라면, 너보다 애들을 더 잘 키울 거야.

(상대방의 아이가 공손하지 않거나 문제가 있다고 생각해서 비꼬는 식의 과거 표현)

확실하지 않은 뉘앙스 vs 확실한 뉘앙스

1. 확실하지 않은 뉘앙스는 조동사로!
2. 확실한 뉘앙스는 일반 동사로!

1–1) 'Money and Sex' **can** easily break up a relationship.
돈과 섹스는 남녀관계를 깨지게 할 수 있다.

2–1) 'Money and Sex' easily break up a relationship.
돈과 섹스는 남녀관계를 깨지게 한다.

가능성 차이

Situation 1. 큰 가능성

I am going to call you after work. Say, 10 pm?
일 끝나고 전화할게. 밤 10시?

Situation 2. 작은 가능성

I will call you after work. I am not sure what time I will be home though. 일 끝나고 전화할게. 집에 몇 시쯤 도착할지는 모르겠어.

1번은 전화할 가능성이 큰 뉘앙스 'is going to'를 사용했습니다. 현재시제는 미래적 뉘앙스가 있어서 미래에 일어날 확률을 뉘앙스로 표현할 수 있습니다.

'Is going to'를 보면 be 동사의 현재형 is를 사용해서 가능성 큰 미래를 표현할 수 있어요. 그에 비해 Will은 주관적인 느낌이에요. 그래서 실현 가능성이 작게 느껴져요.

미래 뉘앙스: to 부정사와 단순현재로도 가능

1. I want to know what happened. 무슨 일이 일어났는지 알고 싶어.

2. Please tell me. 말해줘. ('무슨 일이 일어났는지 알고 싶어.'라는 뉘앙스)

무슨 일이 일어났는지 아는 것은 미래의 일이지요. 그것을 to 부정사로 뉘앙스를 표현하고 있어요.

to 부정사: 미래에 대한 불확실성

1. I know. 나 알아.

2. I want **to** know. 나 알고 싶어.

"나 알아."는 확실한 표현이지요. "나 알고 싶어."는 알지 모를지 현재로써는 불확실하죠. 그것을 to 부정사로 표현했어요.

~ing: 확실한 뉘앙스

1. I like to walk. 걷고 싶어.
   (계속적 뉘앙스로 다음에 이야기가 이어질 것을 내포)

2. I like walking. 걷는 것을 즐긴다.
   (평소라는 단어 없이도 완료적인 뉘앙스를 풍겨 평상시 즐기는 것이 무엇인지 알려줌)

확실함 vs 불확실함

Q: 다음 중 틀린 문장은?

1. Would you like to drink Soda? 소다 마실래요?

2. Would you like drinking Soda? 소다 마심을 즐길래요?

A:

2. Would you like drinking Soda?

좋아하는 것은 상대방의 마음에 있죠. 상대방의 마음은 내가 알 수 없죠. 즉, 불확실합니다.

'확실함'을 나타내는 ~ing를 사용하면 '완료(결정)'의 느낌을 주게 됩니다. 따라서 불확실한 느낌의 to 부정사를 사용해야 해요.

감정 vs 계속 vs 사실

1. I love eating. 먹는 것 좋아해.
(완료적인 뉘앙스 '~ing' 가 목적어 역할을 함)

2. I love to eat. 먹고 싶어.
(무엇을 먹고 싶은지 뒤에 문장이 나와야 함)

3. I eat. 나 먹어.
(평소에 잘 안 먹는 사람이 무언가를 먹는다는 뉘앙스, 단순현재)

다음에 오는 문장 예문을 봅시다.
1-1) I love eating from meat to vegetables.
2-1) I love to eat with you.
3-1) I eat unlike what you think.

가정

1. 전제하에
2. 이 상황에서는
3. ~좋겠다
4. ~바란다
5. ~라면
6. ~때문에
7. ~라서
8. 비록~
9. ~할지라도
10. ~때
11. ~동안
12. ~까지
13. ~후에
14. ~위해서
15. 반면에
16. ~안 하면
17. 내 생각에는
18. ~같이
19. 그런 거~

현재시제에서 사용되는 미래적 뉘앙스는 확실한 사실이 아니죠. 그러나 가정법 현재에서 사용되는 미래적 뉘앙스 보다는 가능성이 커집니다.

가정은 가능성을, 현재는 현실성을

1. If I become promoted at work, I will buy everyone fatty pork. 만일 내가 이번에 승진하면, 삼겹살 살게요.
2. Let's say that I get promoted. Fatty pork is on me. 예를 들어 내가 승진한다고 해요. 삼겹살 제가 냅니다.
3. Under the premise that I am promoted at work, Sure, fatty pork is not an issue. 승진한다는 전제하에 삼겹살이야 문제없지.
4. You think fatty pork would be the only treat I can afford for being promoted? 승진한다는 상황에서 내가 삼겹살만 대접하겠어요?
5. Wish you were promoted, so you can take me out for fatty pork. 네가 승진하면 좋겠다. 삼겹살도 얻어먹고.
(과거로 해석되나 영어로는 '현재')
6. I want you to get promoted for fatty pork. 삼겹살 얻어먹게 네가 승진하기를 바란다.
7. As soon as I get promoted, fatty pork is on me. Pronto. 승진하면 삼겹살 쏩니다. 바로.
8. Why would I buy you fatty pork for no reason unless I get promoted at work? 승진하지 않으면 내가 왜 삼겹살을 사줘요?
(승진하기 때문에 삼겹살을 사주는 거지 그냥 왜 사줘요?)

When Ip Man took out
his half–eaten sweet potato
to place it on a wrestling mat, just before
a great kung fu fight against ten Japanese
soldiers,
is the best scene in
any film history.

That potato was for
his starving family.

— Katie —

Chapter 4.

미래시제는 불확실한 뉘앙스

주관적 vs 객관적

1. 자발적인 의지: I will leave this company.
2. 미리 결정된 것: I am leaving this company.

1-1) He will quit. 그는 그만둘 거야.

2-1) He is quitting. 그는 그만두는 것이 확실해.

Situation 1. 주관적

He will quit I think.
(정확한 날짜보다는 내 생각 'I think'가 들어감)

Situation 2. 객관적

He's quitting next Tuesday.
(정확한 날짜가 들어갈 수 있는 'is quitting')

'~ 할 예정이다'는 '~ 할 거야' 보다 준비가 더 많이 된 뉘앙스가 있습니다. 미래를 알 수 있는 사람은 없어요. 그러나 가능성이 큰지 낮은지는 말하는 사람이 정하는 것이죠.

진행형으로 된 예문의 뉘앙스들

A: I am leaving this company. 저 직장 그만둡니다.

B: Have you found a new job? 새로운 직장 구했어요?

A: Not yet. I am going to apply for new ones soon.
아직요. 새로운 직장에 이력서 낼 예정이에요.

B: Do you need my help? 제 도움이 필요하나요?

A: Sorry, you can't. I am going away for a while.
미안한데, 도울 수 없어요. 저는 당분간 어디 갈 거예요.

B: What are you talking about? 무슨 말씀을 하시는 건가요?

A: I am taking a break first. My plane leaves in an hour.
좀 쉬고 싶어서요. 한 시간 후에 비행기로 떠나요.

B: You are leaving so soon. 당신은 정말 빨리 가는군요.

A: I check in at 5 pm. 5시에 체크인이에요.
(사실을 보고하는 뉘앙스, 미래적)

'현재, 과거, 미래'의 같은 해석

1. If I have time, 시간 나면,

   ('현실적'으로 시간이 난다면 이라는 것을 의미)

2. If I had time, 시간 나면,

   (현실적으로 시간이 나지 않을 것이지만 '만일'의 의미)

3. If I will have time, 시간 나면,

   (will은 미래보다는 '의지'나 '가까운 약속과 제안'을 나타내는 것으로 우리말로는 '시간이 나면'으로 똑같이 해석됨)

1–1) If I have time, I will come to your party.

시간 나면 네 파티에 갈게.

2–2) If I had time, I would come to your party.

시간 나면 네 파티에 갈 텐데.

3–3) If I will have time, I will come to your party.

시간 나면 네 파티에 갈게. ('약속할게.'라는 뉘앙스)

The Bachelor, S20 E3

Watching Lacy leaving the show after saying, "I need to work on myself to be in love with my future husband", was the moment for me, I should be on the bachelor, so I can find myself saying, "I need to work on myself to be in love with my future husband." Lacy is only 25 years old and yet so insightful.

When I was her age much longer than ten years ago, I didn't even know that I had to work on myself to be in love with my future husband.

If I knew Lacy back then, it would have been a totally different life path. I would have been married with ten kids by now.

The only problem to be on the show is my "age" unless "abc" develops a new show called, "The bachelor who digs middle aged women with no money or who barely makes a living, plus more defeating comments for me to see the "reality" from a reality TV show, The Bachelor.

— Katie —

Chapter 5.

여러 가지 뉘앙스

객관적 표현

예문 살펴보기!

1. 100미터 전방으로 가시면 왼쪽에 맥도널드가 보일 거예요.

2. 쭉~ 가면 왼쪽에 맥도널드가 있어요.

우리말로도 객관적으로 표현하기란 쉽지 않아요. 1번과 같이 객관적으로 표현해야 정확한 설명이 됩니다.

키워드: 케이티, 무의식 영어, 작가

1. Katie is the writer of Unconscious English.
   케이티는 무의식 영어 작가이다.

Q: 위의 문장 다음에 올 수 있는 문장은?

1. She wrote books. 책을 썼다.
2. She has written books. 책을 썼다.

A:

1. She wrote books. 책을 썼다. (X)
2. She has written books. 책을 썼다. (O)

'상황'에 맞는 시제를 정확하게 사용하는 것이 중요해요.

Me, English Teacher

1. I have been an English teacher. 저는 영어 강사예요.
2. I am an English teacher. 나는 영어 강사야.

Q: 아래 문장에서 '문법상' 틀린 것은?

1. Katie is an English teacher for 15 years.
   케이티는 15년간 영어 강사이다.
2. Katie was an English teacher for 15 years.
   케이티는 15년간 영어 강사였다.
3. Katie has been an English teacher for 15 years.
   케이티는 15년 동안 영어 강사이다.

A:

1. Katie is an English teacher for 15 years.

2번 Katie was an English teacher for 15 years. 다음에 올 수 있는 이야기는 'Then, she became a writer. 그러고 나서 작가가 되었다.'입니다.
3번 Katie has been an English teacher for 15 years. 다음에 올 수 있는 이야기는 'She also writes. 그녀는 글도 쓴다.'(현재를 강조하는 뉘앙스, 현재완료)입니다.

우리말 동사 뉘앙스

키워드 '왜 알아?'

1. 왜 이런 것을 알아야 해요?
2. 왜 알아야 합니까?
3. 왜 알고 있어야 해?
4. 왜 알고 있어야 하지?
5. 왜 이런 것을 안다고 말할 수 있어요?
6. 왜 안다고?
7. 왜 알고 있어?
8. 왜 알고 있지?
9. 왜 알지?
10. 왜 아는데?

1번~10번 다음에 오는 상황을 우리말로 표현하기도 어렵죠.

빈도부사

1. always: 100% 항상
2. usually: 90% 대개
3. normally: 80% 보통
4. often: 70% 종종
5. sometimes: 50% 때로는
6. occasionally: 40% 가끔
7. seldom: 30% 좀처럼
8. rarely: 20% 드물게
9. never: 0% 전혀

예시)

A: How often do you swim in a week? 일주일에 몇 번 수영하세요?

B: I **often** swim. 종종 가요.

(일주일에 반 이상을 조금 넘게 수영 갈 때 답변)

종종, 가끔, 때로는, 대개, 보통. 빈도 부사란 '횟수'를 의미합니다. 객관적, 구체적 답변을 할 수 있지요.

동사 시제: 가능성

1. 키워드 'TV 보기, 종종, 재미'

It is often fun watching TV. TV 보는 것은 종종 재미있다.

2. 키워드 'TV 보기, 반반, 재미'

It could be fun watching TV. TV 보는 것은 재미있을 수 있다.

동사의 시제는 '가능성'입니다. 현재시제는 큰 가능성을 나타내죠. 과거시제로 표현된 미래적 뉘앙스는 가능성이 작아져요.

현재시제: 현실성

1. It can be fun watching TV. TV 보는 것은 재미있을 수 있어.

가능성을 좀 더 높여보자!

2. It is usually fun watching TV. TV 보는 것은 대개 재미있어.

3. It is really fun watching TV alone on Sundays.
일요일에 혼자 TV 보는 것은 정말 재미있어.

현재 시제란 '현실성'이 있는 것입니다. 'could'라는 과거형 말고 'can'이라는 현재형을 사용하면 가능성이 커집니다.

과거: 현재 사실과 반대적인 상황

1. If you were home alone on Sundays, it could be fun watching TV all day. (만일) 일요일에 집에 혼자 있다면 온종일 TV 보는 것은 재미있을 수 있지.

   (지금은 집에 혼자 있지 않기 때문에 '가정'을 하는 것)

주관적 가능성

1. It is sometimes fun watching TV. TV 보는 것은 가끔 재미있다.

2. It could be fun watching TV. TV 보는 것은 재미있을 수 있어요.

두 문장 다 '재미'라는 가능성을 보여주고 있습니다. 그 가능성은 숫자로 표현할 수 있는데, 말하는 사람이 주관적으로 가능성을 높이거나 낮출 수 있습니다.

주관적이란?

A: I am way too fat. 나 너무 뚱뚱해.

B: You weigh like a hundred pounds. 100파운드밖에 안 나가잖아.

A: To me, I am fat. 나한테는 뚱뚱한 거야.

B: Get over it. 별소리를 다해요.

45kg = 100 pounds, 이 몸무게를 뚱뚱하다고 보는 것은 주관적이라는 것 이지요. 밑에 예문을 봅시다.

예시)

많은

I ate many apples yesterday.

듣는 사람에 따라 many apples 이 10개가 될 수 있고 말하는 사람에 따라 many apples 이 3개가 될 수도 있습니다.
즉, '많은'이라는 표현도 주관적으로 사용됩니다.

부사: 감정에 호소

키워드 '배고픔'

1. I haven't eaten anything. 나는 밥을 안 먹었어.
   I haven't eaten anything yet. 나는 밥을 아직 안 먹었어.
   (yet이라는 부사가 감정에 호소하는 뉘앙스)

2. I think I can eat a horse. 나는 배고파서 말 한 마리를 먹을 수 있어.
   I think I can even eat a horse. 나는 배고파서 말 한 마리라도 먹을 수 있어.
   (even이라는 부사가 감정에 호소하는 뉘앙스)

극적인 표현을 위해 부사를 사용합니다. 미국 할리우드 영화와 TV를 보면 시제 뉘앙스가 끊임없이 나옵니다. 그 가능성은 부사를 사용해서 예문처럼 허풍같이 표현할 수도 있습니다.

시제: 키워드를 변경

Situation 1. 키워드 '(걷기 연습한) rehabilitation hospital 재활센터'

When I was learning to walk after the car accident, I was staying at a rehabilitation hospital. 교통사고 이후 재활센터에서 걷는 것을 배웠다.

Situation 2. 키워드 '다시 걷게 됨'

When I learned to walk after the car accident, I was staying at a rehabilitation hospital. 교통사고 이후 재활센터에서 걷는 것을 배웠다.

시제는 키워드도 변경할 수 있습니다.

전치사 접속사의 뉘앙스 1

키워드 'Katie, English teacher, 15 years, Break up, Alcoholic, 3 years'

1. Katie became an alcoholic for three years because she had broken up with her boyfriend. 케이티는 남자친구와 헤어지게 되어서 3년 동안 알코올 중독이 되었다.
   (영어: 과거 완료, 우리말: '~되어서'로 해석되며 현재 뉘앙스)

2. Katie broke up with her boyfriend and became an alco-holic for three years. 케이티는 남자친구와 헤어졌고 3년간 알코올 중독자가 되었다.

because, and 같은 전치사, 접속사도 시제 뉘앙스를 갖습니다. 학습자들이 과거완료를 사용할 때 자주 실수하는 이유는 과거완료가 우리말에서 현재시제와 같은 뉘앙스로도 해석되기 때문입니다.

전치사 접속사의 뉘앙스 2

키워드 '연아, 밴쿠버, 나보다 먼저, 그저께'

1. Yuna arrived vancouver. 연아는 밴쿠버에 도착했다.

2. Yuna arrived vancouver before me. 연아는 나보다 먼저 밴쿠버에 도착했다.

   ('나보다 먼저'가 이야기의 흐름상 중요한 키워드)

3. That would be the day before yesterday. 그게 그저께지요.

4. Yuna had arrived Canada before I got there. 연아는 나보다 먼저 캐나다에 도착했습니다.

   (과거 완료는 과거 안에 있으며 일어난 두 가지일 중에 먼저 발생한 사건, 완료형 문장은 이야기가 두 개 있어야 하며 이것은 현재완료도 마찬가지)

2번, 3번 예문은 전치사로서 before가 시제 뉘앙스를 풍긴다는 것을 보여줍니다. 4번 before는 접속사로서 시제 뉘앙스지요.

I once remember one of
my former students with a doctoral
degree in computer science
from Seagate told me
that *Do not get impressed by
my education, Katie.
You can learn my study
within 3 months unlike English.
Learning another language
takes a lifetime*

— One of my former students from Seagate, Korea —

조동사: 해야 한다

1. must

정부에서 자주 사용하는 말로, "안 하면 본인한테 피해가 갈 수 있어요."라는 뉘앙스

2. should

내 의견을 남에게 강요하는 간섭적인 뉘앙스

3. have to

막차 버스 놓치면 걸어서 집에 가야 하는 것처럼 다른 방안이 없는 상황의 뉘앙스

TV 좀 그만 봐요!

뉘앙스를 생각해 봅시다.

1. Don't watch TV. TV 보지 마.
   (무례한 뉘앙스)
2. If you watch TV one more time, I am going to kill you. TV 한 번만 더 보면, 내가 너 죽인다.
   (무례한 뉘앙스)
3. You shouldn't watch TV. TV 좀 그만 봐요.
   (정중한 뉘앙스이나 간섭적)
4. You must not watch TV. TV 보지 마세요.
   (정중한 뉘앙스)
5. You don't have to watch TV. TV 볼 필요 없어.
   (선택적 뉘앙스로 '밖에 나가서 놀면 돼.'와 같은 의미 내포)

shouldn't: 하지 않는 것이 '너한테 좋지 않으니 내가 하는 말 들어, 너한테 득이 되는 말이야.'라는 뉘앙스

'~할 필요 없다'

1. don't have to
2. don't need to

1-1) You don't have to go home. 집에 갈 필요 없어.
Tomorrow is Sunday. 내일 일요일이야.

2-1) You don't need to go home. 집에 갈 필요 없어.
Tomorrow is Sunday. 내일 일요일이야.

'필요'란 선택권이 있는 것!

1. 선택권이 없는 뉘앙스: have to
2. 선택권이 있는 뉘앙스: need to

1-1) I have to go to the bathroom before the movie starts.
영화 시작하기 전에 나 화장실 가야 해.

2-1) I need to go to the bathroom before the movie starts.
영화 시작하기 전에 나 화장실 가야 해.

말하는 사람이 선택권이 있는지 없는지를 뉘앙스로 표현합니다.

don't have to vs mustn't

1. don't have to 할 필요 없다

2. mustn't 절대로 하지 마라

Situation 1. 긍정문

1-1) You have to go home. 집에 가야 해.

You are going to miss the last bus to Seoul. 서울 가는 막차를 놓칠 거야.

2-1) You must go home. 집에 가야 해.

You are going to miss the last bus to Seoul. 서울 가는 막차를 놓칠 거야.

Situation 2. 부정문

1–2) You don't have to go home. 집에 갈 필요 없어.

Tomorrow is Sunday. 내일 일요일이야.

(그냥 갈 필요가 없다는 뉘앙스: don't have to)

2–2) You mustn't go home. 집에 가면 안 돼.

You are going to die. 너 죽을 거야.

(너한테 안 좋을 수 있다는 걱정이 들어 있는 뉘앙스: mustn't)

긍정문으로 보면 차이를 느낄 수 없지만, 부정문으로 보면 차이를 느낄 수 있습니다.

상대방을 배려하는 MUST

1. must-see films 꼭 봐야 하는 영화

   (권유하는 이유: 보는 그 사람한테 좋아서이지 '강요'는 아님)

2. I must say 제 생각을 말하자면

   (의견을 강조하는 뉘앙스로 must 빼고 I say만 하면, must가 있을 때보다 무례한 뉘앙스)

3. A: Can I smoke? 담배 피워도 돼?

   B: If you must. 꼭 피워야만 한다면 어쩔 수 없지

   (상대방을 배려하는 must)

허락

1. You shouldn't use weapons in Korea. 한국에서는 무기를 사용하면 안 돼요.
   (“한국에서 쫓겨나거나 감옥 갈 수 있어.” 같이 내 생각을 남에게 말하는 뉘앙스)

2. You mustn't use weapons in Korea. 한국에서는 무기를 사용하면 안 돼요.
   (할머니가 손주에게 말하듯 걱정되어서 하는 말)

3. You are not allowed to use weapons in Korea. 한국에서는 무기를 사용하면 안 돼요.
   (정부로부터 허락받지 않은 상황이 가장 강한 표현을 만듦)

헌법에서는 상대방을 걱정하는 뉘앙스가 있는 mustn't를 사용합니다. 선입관이 있거나 권유하는 뉘앙스가 있는 shouldn't를 사용하지 않습니다. 불법의 뉘앙스인 Not Allowed는 가장 강한 표현입니다.

Should vs Have to vs Must

Situation 1.

A: Should I smoke? 저도 피울까요?

B: Yeah, You should. 응, 너 해야 해.

(주관적인 생각을 남에게 강요하는 뉘앙스)

Situation 2.

A: Should I smoke? 저도 피울까요?

B: Yeah, You have to. 응, 너 해야 해.

(선택권 없이 해야 하는 뉘앙스)

Situation 3.

A: Should I smoke? 저도 피울까요?

B: Yes, You must. 응, 너 해야 해.

(직장에서 공동체 소속감으로 같이 행동하는 뉘앙스)

"Should I smoke?"는 "Do I have to smoke?"보다 공손한 표현입니다.

조동사

might, would, used to, could, may, shall, will, can…

조동사는 단독으로는 뜻이 없습니다.
일반 동사는 단독으로도 뜻을 나타낼 수 있어요.

Come on, Sing!

뉘앙스가 단순하지 않은 조동사

Situation 1. 단순과거: 단순한 뉘앙스

1. I played the piano. 나는 피아노를 쳤어.
2. I sang. 노래했다.
3. I swam. 수영했다.

Situation 2. 조동사: 뉘앙스가 단순하지 않아 문장이 길어짐

1. I would play the piano. 나는 피아노를 쳤어.
2. I could sing. 노래할 수 있었어./노래하지.
3. I could swim. 수영할 수 있었어./수영하지.

학습자들이 '나는 피아노를 쳤어.'를 영작하면 Situation 1에 1번과 같이 단순과거를 사용합니다. 조동사를 사용하면 다양한 감정을 표현할 수 있어요.

Would 예문

I would play the piano. 피아노 쳐도 돼요/피아노 쳤지요.

Would는 과거이기도 하고 현재나 미래의 의미를 내포하고 있기도 해서 해석이 다양하게 됩니다.

영화를 보면서 would만 있는 문장을 들었다면 그전이나 그 후에 대화하는 상대방이 알 것을 짐작해서 생략한 것입니다. could도 마찬가지입니다.

뜻이 다양한 조동사

1. "해야 해."
2. "해야 할 필요가 있어."
3. "하는 게 좋을 거야."
4. "하시지요."
5. "할 것 같아."
6. "할 수 있지."
7. "할 필요가 있지."
8. "해야 하나?"
9. "할 수는 있는데."
10. "하고는 싶은데."
11. "한다고?"
12. "하려고?"
13. "하고 싶어."
14. "하고 싶어서."
15. "하려고 했는데."
16. "하면 돼."

조동사는 뜻이 애매하고 다양해요. 색연필 같은 역할을 하는 조동사에는 사람의 감정이 담겨 있습니다. 후회, 절실함, 원망, 바람, 허풍. 그 감정을 동사 시제, 전치사, 부사, 접속사의 수로도 담을 수 있습니다.
Thank you, Shakespeare!

Your girlfriend has a girlfriend.
Add that up.
Two girlfriends.
That's mathematicians' dream.

— Empire, TV Show —

Have의 뉘앙스

1. I have a car. 차가 있다.

2. I have had a car. 차가 있다.

3. I have to have a car. 차가 있어야 한다.

최근에 일어난 사건을 스토리 형식으로 부드럽게 이야기 전달을 하려면 현재완료를 사용해요. 현재완료는 현재와 과거시제의 동사가 같이 사용되어서 감정 표현이 복잡해집니다. 단순현재는 단순한 뉘앙스지요. 어린아이가 말하는 영어의 느낌이 듭니다.

상황비교의 중요성

1. I have a car. It's 2 years old. I love my car. 차가 있다. 2년 되었다. 내 차 너무 좋아.

2. I have had a car. It's 2 years old, but it had to be sold yesterday. 차가 있었어. 2년 되었는데 어제 팔아야 했어.

1번 단순현재 뉘앙스 다음에 오는 문장은 단순하고 어린아이 영어 같은 느낌이고 2번 현재완료는 스토리 전달하는 느낌이 있어요.

To 부정사의 계속적 뉘앙스 예문

1. I **have to** have a car. 차가 있어야 한다.

   I **can't** commute by bus anymore. 버스 타고 출근할 수 없어.

   There **are** so many crying babies on the bus. 버스에 우는 아이가 너무 많아.

have to는 조동사로 must의 과거형(had to)을 만드는 데 사용되기도 합니다. 아울러 to 부정사 뉘앙스로서 계속적인 뉘앙스가 있습니다. 또한, have는 '가지다'라는 뜻도 되고 '조동사'로서 완료문장을 만드는 유용한 단어이며 많은 학습자가 혼동하는 표현이기도 합니다.

I think Cheetahs run faster than
my car, Matize.

— Katie —

공손함의 표현

1. Give me that! 나 줘!
   (현실적, 직설적, 솔직)

2. It **will be** nice of you if you **can give** me that.
   그것을 나에게 주면 좋겠네요.

동사의 개수는 늘어날수록 공손함이 느껴집니다. 따라서 현실적, 직설적, 솔직하지 '않은' 뉘앙스는 2번입니다.

Could, Should, Would, Might는
조동사의 대표적인 '과거'형이지만 미래적 뉘앙스가 있습니다.
'주면 좋은데.'와 '주면 좋겠네요.'와 같은
정중한 뉘앙스 표현이라면 조동사 과거형을 사용해요.

"It would be nice if you could give me that."
와 마찬가지로 "참석하면 좋을 텐데."는
과거로 표현했지만 미래적 뉘앙스가 있어요.
상대방이 참석하지 못할 것을
'이미' 알고 있는 뉘앙스가 있어서 과거로 표현된 것입니다.

"주면 *좋겠네요.*"
도 상대방이 주지 않을 가능성을 '이미' 알고
'공손하게' 표현하며, 과거로 표현하는 것입니다
"It would be nice if you could participate."

can't vs couldn't

1. 학습자 예문

Hi Katie. I'm afraid I **could not** attend today class due to team meal. See you tomorrow. 케이티 안녕. 우리 팀 식사가 오늘이었어 수업 못했던 것이 되었어, 미안해요. 내일 봐.

(틀린 문장이기 때문에 해석도 이상하게 됨)

2. 교정문장

Hi Katie, I'm afraid I cannot attend today's class due to dinner engagement.(with my colleagues)/a team meal. 케이티, 안녕. 오늘 (직장동료들과) 저녁 약속이 있어서 수업 참여를 못 하겠네요.

Could attend는 '조건'에 따라서 온다는 것인지 못 온다는 것인지 혼동이 올 수 있습니다. 수업에 참여를 못 하는 것이 확실한 상황에서 공손하게 표현하려면 'I am afraid~'를 사용해야 합니다.

I cannot attend는 현실적으로 참석하지 못하는 상황에서 사용합니다.

확률의 표현

1. I attend.
   (주기적으로 참석한다는 표현)

2. I would attend.
   (확실한 동사인 attend를 사용했지만, would를 쓰면서 불확실해지는 뉘앙스)

3. I would not attend. 참석하지 않을 거예요.
   (조건만 맞으면 참석한다는 뉘앙스)

4. I don't want to attend. 참석을 원하지 않는다.
   (100% 참석을 원하지 않는 뉘앙스)

5. I would need to attend. 참석해야 할 것 같아요.
   (조건만 맞으면 참석하지 않을 뉘앙스)

6. I need to attend. 참석해야 해.

7. I would need to take a break. 쉬어야 할 것 같아요.

(상황에 따라서는 쉬지 못할 가능성 내포)

8. I need to take a break. 쉬어야 해.

9. I would attend. 참석할 거예요.

(조건에 따라 참석할 수도 안 할 수도 있는 뉘앙스)

10. I want to attend. 참석을 원한다.

(참석을 100% 원하는 표현)

11. I could attend. 참석할 수 있어요.

(조건에 따라 참석할 수도 안 할 수도 있는 뉘앙스)

12. I can attend. 참석할 수 있어요.

(그 조건이 could보다 현실적이라서 가능성이 큼)

미래는 모두 불확실하지만 일어날 가능성이 높은가 낮은가에 따라 조동사를 사용해서 뉘앙스를 줄 수 있어요.

과거의 두 가지 뜻

:: 역사적 사실, 현재 사실과 반대 상황

1. 역사적 사실 could

Growing up, I could see the Han river from my house. I could smell the river in the air. 성장할 때 내 집에서 한강을 볼 수 있었다. 공기 중에 강 냄새도 맡을 수 있었어.

2. 현재 사실과 반대 could

I'm so tired, I could sleep for a week. 너무 피곤해. 일주일은 잘 수 있겠다.

(실제 자는 것은 아님)

Would vs Could

1. would: ~ 할 마음이 있다

   Would you help me?

2. could: ~ 가능성이 있다

   Could you help me?

영어도 존칭어 '요'를 쓰는 경우가 많습니다.

예시)

:: 도와줄래?

공손하지 않은 표현	공손한 표현
1. Do you think you can help?	1. Can you help **me?**
2. Can you help?	2. Will you help **me?**
3. Help!	3. Help **me,** please.
4. Give me a hand!	4. Give **me** a hand, please.
5. Will you help?	

"저기요, 혹시 도와줄 수 있으세요?"라는 뉘앙스를 조동사 과거로 표현하면 '요'를 쓰는 효과가 납니다. 과거로 시작했기 때문에 공손한 뉘앙스를 풍기는 것이지요. 다만 부탁한다고 다 들어줄 거라는 확실함은 없어, 공손하게 현재 사실과 반대적인 뉘앙스를 위해 '과거'를 사용하기도 합니다.

Can: 가능성 표현

1. I eat a horse. 나 말 먹어.

2. I can eat a horse. 나 말 먹을 수 있어.

3. I could eat a horse. 나 말 먹을 수 있는데/있었는데.

현실성 있는 can도 I eat a horse보다는 현실로 일어날 가능성이 작게 표현됩니다.

Like, Can, be 동사의 역할 1

1. Some music, **like** classic, **can** be boring. 음악 중 클래식 같은 것은 지루할 수 있다.

2. Classical music **is** boring. 클래식은 지루하다.

can은 가능성, is는 확실한 뉘앙스의 동사, like는 가정하는 뉘앙스의 전치사입니다. '~처럼'을 의미하는 like는 확실한 것이 아닙니다. 그래서 '가능성'을 나타내지요.

시제 관련 품사들은 강한 표현을 부드럽게도 합니다.

Like, Can, be 동사의 역할 2

1. I can see you. 너를 볼 수 있어.

2. I see you. 네가 보여.

3. You are visible. 당신 보여요.

시제 관련 품사들은 강한 표현을 더 강하게 하기도 합니다. can을 생략하면 뉘앙스가 더 확실해집니다. can은 일어날 가능성이 '반반'이기 때문입니다. 제임스 카메론의 영화 '아바타' 후반부에 여자 주인공이 남자 주인공에게 사랑 고백하는 장면에서 "I see you."라고 하지 "I can see you."라고 하지 않습니다. "I can see you."는 연쇄 살인범이 나오는 영화에서 자주 등장하는 표현입니다.
또 다른 예를 들어봅시다. 제리 맥과이어의 영화에서 흑인 운동선수가 제리 맥과이어에게 "Show me the money. 돈 보여줘."라고 하지 "Will you show me the money? 돈 보여줄래요?"라고 하지 않지요. 영화의 상황이 정중하게 표현할 이유가 없었지요.

조동사: 복잡한 감정

1. That would be the day before yesterday. 그게 그저께지요.
   That was two days ago. 이틀 전이었다.

2. I am going to be busy this month. 이번 달 바쁠 거야.
   I am busy this month. 이번 달 바쁘다.

3. I will be busy this month. 이번 달 바쁠 거야.
   I am busy this month. 이번 달 바쁘다.

4. She used to be a nurse. 그녀는 간호사였지.
   She was a nurse. 그녀는 간호사였다.

5. You don't need to tell me this. 나한테 이걸 말할 필요 없어.
   Don't tell me this. 말하지 마.

전치사: 현재완료 뉘앙스 표현

I went from desk-dwelling computer nerd to the kind of guy who bikes to work for fun.('Matt Cutts: Try something new for 30 days | TED.com') 나는 책상에만 앉아있던 따분한 사람에서 재미로 자전거 타고 출근하는 사람으로 변했다.

(단순과거)

'과거'에는 책상에만 앉아있던 따분한 사람에서 '현재'는 자전거 타고 출근하는 활동적인 사람으로의 변화를 단순과거로 표현했습니다. 현재완료 뉘앙스를 전치사로 표현한 것이지요.

전치사: 시제 표현

1. 현재 완료

I have become that kind of guy who bikes to work for fun.

재미로 자전거를 타고 출근하는 그런 남자가 되었다.

2. 단순 현재

I ride a bike to work for fun. 재미로 자전거를 타고 출근한다.

시제를 표현하는 것은 동사뿐만이 아니라 'from A to B'와 같은 전치사로도 가능합니다. 'went 갔다'가 '되었다/변했다'로 해석이 되는 이유 또한 전치사 'from A to B' 때문입니다.

시제 관련 전치사 예문

1. the day before yesterday 그저께

2. the day after tomorrow 내일 모레

3. See you in ten minutes. 십 분 후에 보자.

4. On my birthday 내 생일

5. Let's get married in spring. 봄에 결혼하자.

6. at noon 정오에

And: 시제에 따른 해석 변화

1. 단순과거

I took the idea and made it my own.

나는 그 아이디어를 **받아들였고** 내 것으로 **만들었다.**

2. 현재 완료

I have taken the idea and made it my own.

나는 그 아이디어를 **받아들여서** 내 것으로 **만들었다.**

시제에 따라서 접속사 'and'의 우리말 해석이 변합니다. 현재완료 다음에 and가 오면 부드럽게 바뀝니다.

And vs But

1. 조심해서 말하기: and
2. 조심성 없이 말하기: but

예시)

고양이(밥) 찾았어.

1. I've found my cat, **but** it was no longer alive.
   (조심성 없이 말하는 뉘앙스)
2. I've found my cat food, but it was ruined.
3. I've found my cat, **and** it was no longer alive.
   (조심성이 있는 뉘앙스)
4. I've found my cat food, and it was ruined.
5. I've found my cat, and it was okay.
6. I've found my cat food, and it was fine.

Still vs Before

Q: 'Katie has been an English teacher.'라는 문장 뉘앙스와 어울리지 않는 것은?

1. Katie was an English teacher. 케이티는 영어 강사였다.
2. Katie was an English teacher and still is. 케이티는 영어 강사였고 지금도 야.
3. Katie used to be a nurse before she became a teacher. 케이티는 선생님 되기 전에 간호사였다.

A: 1번

1. 현재는 강사가 아니라는 뉘앙스를 단순과거에서 찾을 수 있음.
2. 'still' 때문에 현재도 강사라는 뉘앙스를 풍기게 되고 is와 같은 현재형을 사용. 부사로도 시제표현이 가능하다는 것을 보여주는 예시.
3. 과거 완료 뉘앙스를 풍기고 있음.

'과거완료: had + 과거분사'만 과거완료가 되는 것이 아닙니다. Before 접속사가 과거완료의 뉘앙스를 줍니다.

Read의 시제 구분

read–read–read (리드–레드–레드)

Q: read가 단순과거인지 단순현재인지 어떻게 알까요?
A: 그전이나 다음에 오는 상황을 보면 알 수 있습니다.

1. I read the book. 나 그 책 읽었어.
(지금은 그 책을 읽을 필요가 없는 단순과거)

2. I have read the book. 나 그 책 읽었어.
(현재를 강조하는 현재완료)

3. I read the book. 나 그 책 읽어.
(매일 그 책을 읽는다는 현재형)

4. I am reading the book. 나 그 책 읽어.
(지금 이 순간에 읽고 있다는 뉘앙스를 풍기는 진행형)

시제의 조화

1. 나 그 책 읽었어. It was good and simple. 그건 좋고 단순했어.
2. 나 그 책 읽었어. It's good and simple. 그건 좋고 단순해. (it's = it is)
3. 나 그 책 읽어. It's time consuming. 그건 시간이 소요돼.
4. 나 그 책 읽어. What's up? 왜?

네 가지 주어진 문장들을 연결하는 과정에서 글이 길어지는 것을 확인할 수 있습니다. 긴 글들은 완벽한 시제의 조화가 이루어져야 하는데, 이것은 잘 연주되는 심포니를 듣는 것과 같습니다. 콩글리시는 마치 바이올린 연주에서 장조, 단조, 플랫, 샤프를 잘못 짚어 조화를 깨는 소리처럼 들립니다.

'나비야'를 연주하다가 조금 틀려도 듣는 사람 누구나 알 수 있는 것처럼, 콩글리시도 이해는 되지만 원어민이 듣기에는 매우 어색하죠.

영어 시제 뉘앙스의 중요성

1. 단순과거

I read the book. It was good and simple. 나 그 책 읽었어. 좋고 단순했어.

2. 현재완료

I have read the book. It's good and simple. 나 그 책 읽었어. 좋고 단순해.

3. 단순현재

I read the book. It's time consuming. 나 그 책 읽어. 그건 시간이 소요돼.

4. 현재진행

I am reading the book. What's up? 나 그 책 읽는 중이야. 왜?

우리말은 시제에 따른 표현의 차이가 거의 없지만, 영어는 뉘앙스가 많이 다릅니다.

절묘한 시제

Situation 1. 단순과거 다음 문장에 현재시제가 오면 어색해짐

1. I read the book. It was good and simple. (O)
   나 그 책 읽었어. 좋고 단순했어.

2. I read the book. It's good and simple. (X)
   나 그 책 읽었어. 좋고 단순해.

Situation 2. 현재완료 다음 문장에 단순과거가 오면 어색해짐

1. I have read the book. It was good and simple. (X)
   나 그 책 읽었어. 좋고 단순했어.

2. I have read the book. It's good and simple. (O)
   나 그 책 읽었어. 좋고 단순해.

Situation 3. 틀린 뉘앙스를 맞게 하려면?

1. I have read the book. It was good and simple,
   but not anymore. (O)
2. I read the book twice. It's good and simple now.
   I didn't like it much at first. (O)

"읽었는데 **좋았거든…. 좋아, 그런데** 지금은 별로."처럼 우리말에서도 시제가 절묘하게 적용됩니다.

현재진행: 짜증 같은 감정

Situation 1. 단순현재 (감정보다는 사실을 보고하는 뉘앙스)

1. I read the book. It's time consuming.
   나 그 책 읽어. 그건 시간이 소요돼.

2. I read the book. What's up?
   그 책 매일 읽어. 왜?

Situation 2. 현재진행 (짜증 같은 감정의 뉘앙스)

1. I am reading the book. What's up?
   나 그 책 읽는 중이야. 왜?

2. I am reading the book. It's time consuming.
   그 책 읽는데 시간 정말 많이 소요된다.

Since I have begun putting on
make–up for the first time,
I bet Miss Korea
would be frightened of losing their title.

Later that day,

Nobody cared,
Not even my "one–on–one"
learners who could see
my face all throughout the lesson.
None are blind!

— Katie —

전치사 of의 뉘앙스

1. a rice **bowl** (perhaps empty) 밥그릇(아마도 비어 있는)

   a **bowl** of rice (= a bowl with rice in it) 밥이 들어 있는 그릇

2. a noodle **box** (the box may be empty)

   라면 상자(아마도 비어 있는 상자)

   a **box** of noodles (a box full of noodles)

   라면이 가득 들어 있는 상자

3. garden **tomatoes** (= tomatoes that are grown in a garden)

   밭에서 자란 토마토

   a tomato **garden** (= a garden where tomatoes are grown)

   토마토 밭

전치사 'of'가 없으면 '키워드'는 뒤에 있고 반대로 전치사 'of'가 있으면 '키워드'는 앞에 있습니다.

예시)

One of my friends '내 친구' 중 한 명
전치사 of가 있으므로 '키워드'는 앞에!

모두 all의 뉘앙스

1. All flowers are beautiful.
   (= all flowers in general)
   모든 꽃은 아름답다. (= 일반적인 모든 꽃)

2. All (of) the flowers in this garden are beautiful.
   (= a specific group of flowers)
   이 정원에 있는 모든 꽃은 아름답다. (= 구체적인 범위에 있는 모든 꽃)

대부분 most의 뉘앙스

1. Most problems have a solution.

   (= most problems in general)

   문제 대부분은 해결책이 있다. (= 일반적인 문제 대부분)

2. We were able to solve most of the problems we had.

   (= a specific group of problems)

   우리가 가졌던 문제 대부분을 해결할 수 있었다. (= 구체적인 그룹의 문제 대부분)

All vs Everthing의 뉘앙스 1

1. Everybody enjoyed the party. (O) 모두 그 파티를 즐겼다.
('everybody'는 every+body로 구체적인 뉘앙스)

2. All enjoyed the party. (X) 모두 그 파티를 즐겼다.
('all'의 대상이 '구체적'이지 않음)

3. All of us enjoyed the party. (O) 우리 모두 다 그 파티를 즐겼다.

우리말로 '모두'를 의미하는 'all'과 'everything'은 영어에서 똑같이 쓰이지 않습니다. 'All of us'는 'a group of us'로 바꿀 수 있으며 '우리 모두'를 의미합니다. 즉, 'All'의 구체적인 대상으로 'of us'가 사용된 것입니다.

All vs Everthing의 뉘앙스 2

1. He thinks he knows everything. (O) 그 남자는 본인이 모든 것을 안다고 생각한다.

   (every+thing: 구체적인 모든 것)

2. He thinks he knows all. (X) 그 남자는 본인이 모든 것을 안다고 생각한다.

역시 all은 구체적이지 않아서 말을 하다가 만 느낌이 나요.

어떤, 것: any, anything, a thing의 뉘앙스

1. Katie doesn't know anything. (O) 케이티는 아는 게 전혀 없어.
(any+thing: 어떤+것)

2. She doesn't know a thing. (O) 아는 게 하나도 없어.
('any'대신에 'a'를 써도 같은 뉘앙스)

3. She doesn't know any. (X) 어떤도 몰라.
(무언가가 생략된 뉘앙스)

Does Katie know how to multiply? She doesn't know any. *(In this, you can discover what "any" is. Be specific about "any" in your English sentence.)*

Good vs Nice의 뉘앙스

1. Good at Korean (O)
2. Nice at Korean (X)

Q: Good vs Nice는 우리말로 둘 다 '좋은'을 의미하는데 왜 nice는 틀릴까요?

A:

1. nice at Korean (X)
   한국인을 향해서 잘하는 뉘앙스
2. nice to Korean
   한국인에게 잘하는 뉘앙스 (O)
3. good at Korean (O)
   한국어를 잘하는 뉘앙스

전치사 to you 너에게, at you 너를 향해서 (겨냥하는 느낌 at)
nice to Korean은 문법적으로는 nice to Koreans가 되어야 하나 뉘앙스를 설명하기 위해서 그냥 두었습니다.

'저도요'는 항상 me too일까?

A: Nice to meet you. 만나서 반가워요.

B: 저도요.

Situation 1. '저도요'를 Me, too를 쓴다면?

It's nice to meet me, too. 나도 나 만나서 반가워

(여기서 nice는 자기가 기분이 좋다는 것을 의미. 때문에 'Me, too'가 아닌 'You, too'를 사용)

Situation 2. 저도요 를 You, too를 쓴다면?

You, too = It's nice to meet **you, too.** 저도 당신을 만나서 반가워요

2–1) A: Nice to meet you.

B: You, too.

2–2) A: It's good to see you.

B: It's good to see **you, too.**

'문제'

1. Problem
2. Issue
3. Matter

1-1) What is the problem? 무슨 문제야?

(문자 그대로의 문제, 컴퓨터로 문서를 작성하다가 컴퓨터가 고장 났을 때)

2-1) What is the matter? 무슨 문제야?

(상대방의 감정이 상해 보여 걱정이 될 때)

3-1) What is the issue? 문제가 뭐야?

(특정한 문제(problem)가 무엇인지 정확히 아는데, 고칠 방안이 없을 때, 문제(issue)가 뭐야? 여기서 문제는 issue로 이것을 어떻게 해결해? How do we solve the issue here?를 의미)

problem을 좀 더 부드럽게 표현하고자 하는 경우에도 issue를 사용할 수 있습니다.

예시)

Do you understand the issue in this problem?

뉘앙스가 주어를 정한다

1. as well as 또한
2. and 그리고

1-1) Katie **as well as** her boyfriend is at Emart. 케이티와 (내가 **잘 모르거나 관심이 없는**) 그녀의 남자친구가 이마트에 있다.

2-1) Katie **and** her boyfriend are at Emart. 케이티와 (동등**하게 아끼는**) 그녀의 남자친구가 이마트에 있다.

is는 as well as 다음에 오고, are는 and 다음에 옵니다. as well as는 케이티 한 사람만 강조되지만, and는 케이티와 그녀의 남자 친구가 동등한 키워드가 됩니다. 따라서 주어는 뉘앙스가 정해줍니다.

Understanding the Nuances of
English is Number 2.

1. Watch out!

2. 50Kg heavy rock is coming down on
your head at the speed of 70km/hr!

— Katie —

Closing remarks from Katie

성장과 발달은 다른 의미의 개념으로 성장단계에서 배운 단어만이 발달하고 무의식으로 시작한 영어 학습이 의식 학습 즉, '왜' 그 문법, 시제, 품사, 단어, 속담이 쓰였는지를 이해하는 것이 추론의 시작입니다.

학습자들이 이디엄을 배우고 싶은 요청을 강사 생활하면서 많이 받았는데 한국어 속담 '소 잃고 외양간 고친다', '엎친 데 덮친 격.' 표현을 우리는 언제 사용하지요? 그 표현을 쓰는 이유는 실제 상황의 스토리가 깔리고, 강조형으로 쓰는 이유에서 속담을 사용합니다. 즉, 우선순위상 미국인이 한국어 배울 때 전체 스토리를 먼저 알아야, '소 읽고 외양간 고친다.'가 무엇인지 예상/추론 가능합니다.

안과의사도 모든 해부학을 공부해야 하고 약 처방, 부작용 다 알아야 합니다. 안과의사가 눈 만 공부하면 안과 의사가 되나요? 영어가 문학이라는 이유는 의사들이 의학을 공부하는 이유가 '고칠 것'이라면 **영어의 궁극적 목적은 창작, 즉 말하기와 쓰기입니다.**

영어 문법 교육의 가장 문제 중 하나가 '왜' 그 품사, 시제를 사용하는지에 대한 설명이 뉘앙스에 기초를 두지 않는다는 점입니다. Konglish 는 한국 영어에 깊이 새겨들었습니다. 이해 안 되는 말을 빠르게 영어로 하면 영어를 잘한다고 생각하는 직장 동료들, 초급의 눈에는 완벽한 영어를 한다고 생각하여 이 상태가 고착됩니다. 한국어를 그대로 번역해서 생기는 문제점들은 영어 선생님께 교정을 받아야 하며 무의식 공부, 즉 Shadowing도 같이 학습을 하는 것은 필수입니다.

영어가 어려운 이유는 말하려고 하는 의도를 미리 알고 동사를 정해야 합니다. 우리말은 동사가 문장 제일 마지막에 오잖아요. 영어는 동사가 앞에 있어서 영어 배우는 모든 분들의 실수는 발음, 동사와 부적절한 단어 선택으로 **키워드를 망치는 데 있습니다.**

우리말을 하는 데는 추론이 덜 중요하고 영어에서 추론이 더 중요한 이유는 다시 말씀드리지만, 동사의 위치 때문입니다. 우리말은 미리 문장을 생각할 필요가 없어요. 영어는 문법 구조상 동사가 앞에 나오기 때문에 미리 말하기 전에 문장의 의도를 정확히 알아야 '시제'가 정해집니다.

우리말 토론과 미국인의 토론이 확연히 틀린 이유도 찬성, 반대를 확실히 하는 연습 또한 동사와 관련된 것입니다. 이러한 동사를 수학공식으로 외우는 게 아닙니다. Carl Jung 이 말한 것처럼 'a = *b이고, b = c이면, a = c이다'*를 그대로 받아들이는 것은 추론을 방해합니다. "어떻게 a = c가 같다고 생각하나요? 왜 그래?" 하는 것이 정상적 반응이죠. 영어의 be 동사는 '왜' 사용하는가? 모든 문법을 '왜?'로 시작해 보세요. 공식이야, 원래 그래라는 것은 대답이 아닙니다. (a = 달, b = 개, c = 집)

Understanding the nuances of English 1 took me tremendous time and energy. Korean to English, then back again, over and over a thousand times, here you have "my produce."

— Katie —

References

1. Advanced Grammar in Use: A Self-study Reference and Practice Book for Advanced Learners of English; with Answers Book by Martin Hewings

2. Grammar in Use Intermediate: Self-study Reference and Practice for Students of North American English – with Answers 3rd Edition by Raymond Murphy (Author), William R. Smalzer (Contributor)

3. Essential Grammar in Use with Answers: A Self-Study Reference and Practice Book for Elementary Students of English 3rd Edition by Raymond Murphy (Author)